小书本 大世界

这些名人你应该知道

ZHEXIE MINGREN NI YINGGAI ZHIDAO

崔钟雷　主编

吉林美术出版社|全国百佳图书出版单位

图书在版编目（CIP）数据

这些名人你应该知道／崔钟雷主编．—长春：吉林美术出版社，2010.8（2022.1 重印）

（小书本大世界）

ISBN 978－7－5386－4565－1

Ⅰ.①这… Ⅱ.①崔… Ⅲ.①名人－生平事迹－世界－青少年读物 Ⅳ.①K811－49

中国版本图书馆 CIP 数据核字（2010）第 146485 号

策　　划：钟　雷

责任编辑：栾　云

这些名人你应该知道

主　编：崔钟雷　副主编：王丽萍　刘　超　那兰兰

吉林美术出版社出版发行

长春市人民大街 4646 号

吉林美术出版社图书经理部（0431－86037896）

网址：www. jlmspress. com

北京一鑫印务有限责任公司

开本 787×1092 毫米 1/16　印张　10　字数　95 千字

2010 年 8 月第 1 版　2022 年 1 月第 4 次印刷

ISBN 978－7－5386－4565－1

定价：35. 80 元

前言

漫漫的人生被时光所雕琢，留下一些斑驳的影子，那正是人生路上一些宝贵的哲理和智慧。细细地体会这些从平凡人生中所升华出来的道理，让它们伴你走过烂漫的成长岁月，愿它们像一把金钥匙，开启你未来的希望和理想之门。为此，我们精心编写了这套“小书本大世界”系列丛书。

这套丛书版式精致，内文精练，文辞优美，含义隽永；包括成长哲理、励志故事、性格培养、心灵感悟等内容，一篇篇短小精悍的故事向你所展示的是我们畅游的广阔无垠的大世界，是我们从生命中体会感悟的大智慧，是我们为之不断努力和拼搏的大未来！这些哲理、智慧和感悟，恰如一个个音符，敲响你生命的乐章！拥有它们，会使你受益终生，就像一双羽翼丰满的翅膀，伴你翱翔在未来的天空！

目录

科学家

文学家

艺术家

政治军事家

科学家

不患位之不尊，而患德之不崇；
不耻禄之不伙，而耻智之不博。

——张衡

张 衡
ZHANG HENG

不患位之不尊，而患德之不崇；不耻禄之不伙，而耻智之不博。

——张衡

字　号：字平子

生卒年：公元78年~公元139年

出生地：南阳西鄂（今河南南阳县石桥镇）

突出成就：发明了地动仪，比欧洲早了1 700多年

公元78年，张衡出生于南阳郡西鄂县一个比较清苦的官宦家庭。环境的艰苦和生活的艰难激发了他奋发向上的斗志，他天资聪颖，勤奋好学，不分酷暑严寒发愤读书，熟读了儒家经典。他从小就喜欢数天上的星星，天长日久，在自己爱好的指引下，在家人的讲解中，他认识了不少星星。十六七岁时张衡开始到外地游学，“游于三辅，因入京师，观太学，遂通五经，贯六艺”，终成一代科学伟人。

张衡最杰出的成就是在天文方面，他继承和发展了浑天说，撰写了两部重要的天文学著作《灵宪》和《浑天仪图注》，在论著中他首次提出宇宙无限的观点，阐述了天地的形成、结构和日月星辰的运动本质，对月亮的盈缺和月食作出了科学的解释。公元117年，张衡根据浑天说制成了世界上最早使用水力转动的浑天仪。这是世界上第一架能够比较准确地观测天象的浑天仪，是划时代的伟大创造，它的发明推动了中国天文事业的发展。据《晋书·天文志》记载，将浑天仪放在暗室中叫人按时间记录它的运转情况，同时叫人在天文台上观测天象，两相对照，什么时候出现什么星，竟然完全相符。1092年，苏颂和韩公廉在张衡的启发下，创制了世界上最早的天文钟，这是中国古代最精密、最复杂的天文仪器。

在地震学上，张衡发明了世界上第一台地震仪——候风地动仪，这是张衡的另一个不朽的创造。地动仪整体由青铜铸成，直径近 3 米，像一个大酒坛。周围铸有 8 条龙，头下尾上，按照东、南、西、北、东南、东北、西南、西北的方向排列着。龙头和仪器内部的机关相连，每条龙嘴里都含着一颗钢球。8 个龙头下蹲着 8 只张着嘴的铜蟾蜍。地动仪内部有一根大铜柱，叫作都柱，都柱上粗下细，能够摇摆。都柱旁有 8 条通道，通道内安有机关，叫作牙机。一旦发生地震，都柱就会向发生地震的方向倾斜，并触动通道中的牙机，而冲着那个方向的龙头，就会张开嘴巴，吐出钢球，落在下面的蟾蜍嘴中，发出声响。据此，人们就可以知道地震的时间和方位。公元 138 年，张衡利用地动仪准确测出在距洛阳千里外的陇西地区发生的地震，证实了地动仪的科学性。

地动仪比欧洲人发明的地震仪早了 1 700 多年，在人类地震学史上具有重大意义。

在气象领域，张衡还发明了类似国外的风信鸡的气象仪器——候风仪，比西方的风信鸡要早 1 000 多年。

在其他很多领域张衡都颇有建树，他发明过指南车、会飞的木雕、水力推动的活动日晷等机械仪器；写过一部数学专著《算罔论》，还计算出圆周率是 3. 1622，在 1 800 多年前，能有这样精密的计算，着实让人惊叹；张衡还研究过地理学，他绘制的地图流传了几百年；他还是东汉六大画家之一；在文学领域，他创作的《二京赋》，在形式和内容上把汉大赋推向了一个高峰，被誉为“长编之极轨”，在中国文学史上占有重要地位。

郭沫若先生曾经评价张衡：“如此全面发展之人物，在世界史中亦所罕见。”“万祀千龄，令人敬仰。”张衡不愧为中华民族古代科技发展的杰出代表。

祖冲之

ZU CHONGZHI

冲之少稽古，有机思。

——《祖冲之传》

字　号：字文远

生卒年：公元429年～公元500年

出生地：范阳遒人（今河北涞水）

突出成就：推算出圆周率π的值在3.1415926和3.1415927之间。

祖冲之是我国南北朝时期一位杰出的数学家。他出生于公元429年，自幼酷爱数学，并且爱动脑筋提问题。他一生中有许多卓越的成就，其中之一就是对圆周率的计算。

圆周率就是圆周的长度和直径长度的比值，它是一个无限的不循环小数，也就是说它是个没完没了的小数，各位数字的变化又没有规律。通常在计算的时候，我们把圆周率定为3.1416，这个数字实际上比圆周率稍微大一点。祖冲之在1 500年以前就确定，圆周率在3.1415926和3.1415927之间，比3.1416精确得多。在他计算出此结果的1 000年后，阿拉伯数学家才打破了这个精确程度的记录。

计算圆周率是一件很不容易的事。祖冲之从圆的内接正六边形开始，先算内接正十二边形的边长，再算内接正二十四边形的边长，再算内接正四十八边形的边长……边数一倍又一倍地增加，一共要翻十一番，直到算出了内接正12 288边形的边长，才能得到这样精确的圆周率。

在祖冲之以前，已经有人提出圆周率跟22/7相近似。祖冲之把22/7叫作“约率”，提出了另一个圆周率的近似值355/113，作为“密率”，因为它更加精密，跟圆周率的准确数值更接近。过了1 000年，德国人奥托和荷兰人安托尼兹才先后提出355/113这个圆周率的近似值，欧洲人当时不知道祖冲之已经提出过“密率”，在他们写的数学史上，把它叫作“安托尼兹率”。日本数学家主张把355/113称为“祖率”，这是十分公允的。

祖冲之从小爱好天文历法，经常观测太阳、月亮和星星在天空中运行的情况，并作详细的记录。他发现当时采用的《元嘉历》有些错误，它对日月的方位、行星的出没和冬至、夏至的时间，推算得都不很准确。他编制了一部新的历法，叫作《大明历》，这时候，祖冲之刚33岁。

《大明历》的成就之一，是第一次照顾到了“岁差”。原来地球每绕太阳一周，冬至点要稍稍后退一点儿，也就是向西移一点儿，这就叫“岁差”。首先发现岁差的是晋朝的天文学家虞喜。祖冲之经过仔细的观察和钻研，计算出岁差是每45年又11个月后退1度（我国古代把周天分为365.25度）。现在知道，岁差是由地轴摆动产生的，每71年又8个月后退1度。他把岁差计算应用到历法中去，是对历法的一次革命。《元嘉历》是每17年有7个闰月。祖冲之编制的《大明历》，改为391年有144个闰月，比《元嘉历》精确得多。

公元462年，祖冲之请求宋孝武帝刘骏颁行《大明历》，但是遭到一个叫戴法兴的宠臣出来反对。争论持续了将近两年，宋孝武帝才决定下一年颁行《大明历》，不料他当年就死了，事情于是被搁置起来。后来朝代也换了，祖冲之也死了。经他的儿子祖暅之一再上书请求，直到公元510年，梁武帝萧衍才正式颁布采用《大明历》。

祖冲之在机械制造方面也很有成就。公元478年，祖冲之重新制造了一辆铜铸的指南车，随便车子怎么拐弯，车上的铜人总是指着南方。

祖冲之看见农民舂米磨谷非常吃力，就在乐游苑中试制了一台水碓磨，利用水力转动石磨来舂米磨谷。这种水碓磨，既省力，又可日夜不停地转动，工作效率很高，在我国农村现在还在使用。

南方河道多，船是重要的交通工具。祖冲之制造过一种千里船，曾经在江上试航，一天就可以航行50多千米。

祖冲之的刻苦学习、认真钻研、勇于创造和坚持真理的精神，永远是我们学习的榜样。

钱学森

QIAN XUESEN

不要失去信心，只要坚持不懈，就终会有成果的。

——钱学森

姓　　名：钱学森

生 卒 年：1911 年~2009 年

出 生 地：上海

突出成就："中国航空之父""火箭之王""两弹一星功勋奖章"获得者。

钱学森于 1911 年 12 月 11 日出生在上海一个知识分子家庭。3 岁时随家人迁居北京，自幼天资聪慧，后来进入北京师大附中学习。少年时钱学森喜欢自然科学、音乐、绘画，学习成绩优异，于 1931 年考入了上海交通大学。

在上海交通大学学习期间，钱学森刻苦攻读。对待学问一丝不苟。1934 年，钱学森从上海交通大学毕业，远赴美国留学。第二年，他就读于麻省理工学院航天系，仅用一年就获得了硕士学位。

1936 年，钱学森进入加州理工学院学习，师从世界力学大师冯·卡门。3 年后他获得了航空、数学博士学位并留校任教，从事应用力学和火箭导弹研究。其间，在应用力学领域，他与冯·卡门合作，对飞机金属薄壳结构非线性理论进行研究，解决了薄壳结构理论的重大难题；在空气动力学领域，他对发展与高速航空器相关的空气流动理论研究方面贡献突出；他还是物理力学这一学科的创始者。1946 年他首先将稀薄气体的化学、物理和力学特性结合起来进行研究。到 1949 年，钱学森已成为世界公认的物理学界权威之一。

新中国成立之际，在美国的钱学森希望回到祖国贡献自己的全部力

量。当时美国国内掀起了一阵反共反华恶浪，钱学森被关在一间昏暗的单人牢房里，接触不到任何人，也没有任何人能跟他说话。更令人不能忍受的是，每天晚上，看守每隔一小时就进来把他喊醒一次。钱学森得不到休息，精神上陷于极度紧张的状态。经加州理工学院朋友们的多方努力，两周后他们以重金将钱学森保释出狱。出狱后的日子并不好过，钱学森的工作、生活处处受到限制和监视，他与家人都曾受到多次折磨和迫害。但是，钱学森并没有因此被吓倒，相反更坚定了他回国的决心。

1955 年，经过 5 年不屈的抗争和中国政府的严正交涉，钱学森终于冲破美国当局的重重阻挠，回到了祖国的怀抱。

1956 年，钱学森向政府提出《建立我国国防航空工业意见书》，并担任国防部第五研究院院长。在他的指导和参与下，1960 年我国成功发射了第一枚仿制火箭，1964 年我国第一枚自行设计的中近程火箭飞行试验取得成功。1965 年钱学森建议制订人造卫星的研制计划被列入国家的重点任务，最终使我国第一颗人造卫星于 1970 年升入太空。钱学森也因此被誉为“中国航空之父”和“火箭之王”。

钱学森对中国共产党有着深厚的感情。1962 年钱学森的《物理力学讲义》和《星际航行概论》先后出版，稿酬有好几千元，这在当时简直就是个“天文数字”。但是，当他拿到这两笔稿费时，连包都没打开就作为党费，交给了党小组组长。1978 年，当时“文化大革命”刚刚结束，开始落实各方面的政策。钱学森的父亲钱均夫所在的单位给钱老先生补发了三千多元的工资。因为钱老先生已经去世，这笔钱就补发给钱学森。钱学森认为，父亲已去世多年，这笔钱他不能要，转手就把这三千多元也交了党费。

1991 年，钱学森被国务院、中央军委授予“国家杰出贡献科学家”荣誉称号。

1994 年，钱学森成为中国工程院院士。1998 年成为中国科学院和中国工程院两院的资深院士。

1999 年，中共中央、国务院、中央军委授予他“两弹一星功勋奖章”。钱学森是我国著名的核物理学家，为中国的航天事业作出了重大的贡献。

袁隆平
YUAN LONGPING

我毕生的追求就是让所有人远离饥饿。

——袁隆平

姓　　名：袁隆平

生 卒 年：1930 年~2021 年

出 生 地：北平（今北京）

突出成就：“杂交水稻之父”

袁隆平 1930 年 9 月 7 日生于北京。自幼兴趣广泛，喜爱音乐、体育。他在重庆度过了中学时代，中学毕业后考入了西南农学院农学系。1953 年，袁隆平被分配到湖南安江农校教书。20 世纪 60 年代初期，中国正处于严重的困难时期。粮食产量不高，再加上天灾不断，使人民忍饥挨饿。这一切深深地刺痛了袁隆平的心，他下定决心，从事人工杂交水稻的研究，以便生产出更多的粮食，解决人民的温饱问题。

1960 年 7 月的一天，袁隆平像往常一样来到校园外的早稻试验田观察，偶然间发现了一株特殊的稻子：它共有 10 余穗，每穗有 160~170 粒稻米。第二年，他适时地将这独特的种子播到试验田里，结果分离变异现象十分严重，原有的优势没有发挥出来。面对这一结果，善于思考的袁隆平受到了启发。他马上想到孟德尔的遗传理论，顿悟到：那是一株“天然杂交稻”！袁隆平因此更加坚定了进行杂交水稻研究的信念。当时，杂交水稻研究是世界上公认的难题，并且全世界都流传着“水稻是自花授粉作物，不良基因早已被淘汰，既然自交不退化，那么杂交就没有优势”的观点。但袁隆平并没有因这些固有的说法而退缩，他坚信杂交优势是生物界的普遍规律。袁隆平利用水稻的不育性，培育出不育系、保持系和恢复系，通过“三系配套”，代替人工雌雄杂交，来产生大量的杂交种子和新一代种子。

袁隆平确定自己的目标后，便开始了他漫长的探索过程。

夏季骄阳似火，正是南方水稻的扬花季节。袁隆平头顶烈日，脚踏烂泥，手拿放大镜，像猎手搜寻猎物一样，在安江农校农场的稻田里寻找水稻雄性不育植株。第一天、第二天、第三天都无所收获，两手空空。直到第十四天，袁隆平才发现了第一株雄蕊退化的水稻不育株。在9个月的时间里，他前后检查了一万四千余个稻穗，找到了6株雄性不育株，并对它们的杂交第一代和第二代作物进行了研究。

然而，1966年开始的“文化大革命”运动，给袁隆平的科研带来了阻碍。但袁隆平并未因此而气馁，而是和助手南至广东、广西，西到云南不断地进行繁殖育种试验。1970年1月他在云南元江县搞试验时，遇上大地震，连续在外露天住宿达3个月之久。

在党和国家的高度重视下，1975年，由袁隆平任技术总顾问的试验田第一次获得成功，为1976年在全国大面积试种推广杂交水稻培育了大量的种植种子。

杂交水稻的研究成功，引起了国际上的瞩目，有关杂交水稻的研究在国际上开始兴起。

1979年4月，在菲律宾首都马尼拉举行的国际水稻科研会议上，一个黑瘦的中国人，面对着二十多个国家的水稻育种专家，用英语侃侃而谈，大讲水稻的种植经验。这位黑瘦的中国人就是袁隆平。与会者大多是国际成名专家，对这位中国来的农业学家开始时有些怀疑并不予以重视，但听了袁隆平的论文和即席答辩后，他们被深深地折服了。

当幻灯银幕上反复打出“杂交水稻之父——袁隆平”的字样和他的头像时，全场立即响起了雷鸣般的掌声，大家一齐起立，向这位来自中国的专家致敬。

从此，“杂交水稻之父——袁隆平”的名字响彻全球。

阿基米德

AJIMIDE

给我一个支点，我就能移动地球。

——阿基米德

姓　　名：阿基米德

生 卒 年：公元前287年~公元前212年

出 生 地：古希腊叙拉古城

突出成就：发现“杠杆定律”和阿基米得定律。

公元前287年，阿基米德出生于叙拉古城一个并不富裕的贵族家庭，他的父亲是天文学家兼数学家。由于父亲的影响，阿基米德从小就热爱学习，善于思考和辩论，对数学、天文学、古希腊几何学都兴趣浓厚。阿基米德天资聪颖，勤奋好学，很快就把家里的藏书读完了，于是他就到当地的其他学者家中借阅。刚满11岁时，借助与王室的关系，他被送到埃及的亚历山大里亚城学习。

阿基米德在许多科学领域都获得了巨大的成就。在数学领域，阿基米德使用“穷竭法”求得了抛物线弓形、螺线、圆形的面积和体积以及椭圆体、抛物面体等复杂几何体的体积，被公认为微积分计算的鼻祖。他还利用此法估算出了π值，得出了三次方程的解法。他还提出了一套按级计算法，并利用它解决了许多数学难题。他主要的数学著作有《论球和圆柱》《论劈锥曲面体与球体》《抛物线求积》和《论螺线》。在力学领域，阿基米德的成就主要集中在静力学和流体静力学方面。在研究机械的过程中，他发现了杠杆原理。在研究浮体的过程中，他发现了浮力定律，也就是有名的阿基米德定律。他著有《论平板的平衡》《论浮体》《论杠杆》《论重心》等力学著作。另外，他第一个提出重心的概念并确定了若干几何图形的重心位置。在天文学领域，阿基米德设计了一些可以转动的圆球，用来演示日食、月食现象。他认为地球是圆球状的，并围绕着太阳旋转，这比哥白尼的“日心说”要早1 800年。

阿基米德又是一个伟大的爱国者，当罗马军队入侵叙拉古城时，他指导同胞制造了很多武器，如用于远距离投掷的投石机、能将敌船提起扔出的铁爪式起重机以及利用聚光原理使敌船燃烧的大凹镜。在这些武器的帮助下，罗马人被阻长达3年之久，直到公元前212年，由于守城居民的大意，罗马军队才最终进入叙拉古城。城破之后，阿基米德被一名无知的罗马士兵杀死，终年75岁。他的遗体被葬在西西里岛，墓碑上刻着一个圆柱内切球的图形，以纪念他在几何学上的卓越贡献。

哥白尼

GEBAINI

人的天职在勇于探索真理。

——哥白尼

姓　　名：尼古拉·哥白尼

生 卒 年：1473 年~1543 年

出 生 地：托伦城

突出成就：日心说的创立者，近代天文学的奠基人。

尼古拉·哥白尼是波兰伟大的天文学家，太阳中心说的创始人，近代天文学的奠基者。哥白尼也是一位杰出的医生、社会活动家、数学家、经济学家和画家。哥白尼生于波兰托伦城的一个商人家庭，父亲曾为该城市长。

哥白尼 10 岁时，由舅父瓦兹洛德大主教抚养，受到了良好的教育。他少年时代就对天文学有浓厚兴趣，18 岁时，进入克拉科夫大学学习。学校的人文主义者、数学家和天文学家布鲁楚斯基给予他很大的影响，哥白尼经常向这位学者请教天文学和数学方面的问题，还学会了用天文仪器观测天象。

1500 年，哥白尼由于经济困难，到罗马担任数学教师。在这个名义上的圣城中，他看到了罗马教廷的虚伪荒淫。第二年夏天，哥白尼回国，后因取得教会的资助，秋天时重新回到意大利的帕都亚学医。1503 年，哥白尼在费拉拉大学取得教会法学博士的学位。

哥白尼勤奋好学且多有成就。他精通拉丁文和希腊文，对古代希腊罗马文学也颇有研究；他绘制过埃尔门兰德地区的地图；设计过埃尔门兰德各城市的自来水管道；他也是位出色的数学家，他的巨著《天体运行论》里发表过他的球面三角论文。

哥白尼离开意大利回波兰时，天空正出现罕见的星象：土星与木星“会合”了。由于教皇亚历山大误喝了谋害别人的毒酒而丧命，意大利教会趁机提出种种“警告”，他们宣告天空将连续出现四次土星与木星“会合”的异象，说这是上天对世人的一个严重警告。

这时，哥白尼和他的朋友也在克拉夫研究两星“会合”的问题。哥白尼发现教会的说法存在数据的错误，于是他和朋友们决定各自在不同地区进行观测，以便一起来揭露教会的妄说。

第四次“会合”的日期与教会所说不符，它提前了一个多月。而这恰恰和哥白尼的推算相符。这一现象证实了哥白尼的推测。

在赫尔斯堡，由于朋友们的不断催促，哥白尼把他的“太阳中心说”写出了一个提纲，取名叫《试论天体运行的假设》，抄送给他的几个心腹朋友，他宣布：“所有的天体都围绕着太阳运转，太阳附近就是宇宙中心的所在。地球本身一天自转一周，一年绕太阳公转一周。”

《试论天体运行的假设》是哥白尼学说的第一块基石。但由于教会对科学和进步思想的疯狂迫害，哥白尼历经数年写成的《试论天体运行的假设》想要出版却困难重重。

哥白尼的唯一门生德国威滕堡大学的数学家列提克和他的朋友铁德曼·吉哲都热心帮助他出版。1541 年，他最后下决心将他的著作印刷出版。

1541 年秋，列提克把哥白尼的手稿送往纽伦堡出版。由于列提克坚信哥白尼的学说从而受到教会的迫害，因此，他不得不背井离乡以逃避教会的追捕。临走之前，他委托自己的朋友路德派牧师奥西安德尔代他出版哥白尼的著作。然而，这位牧师在梅兰赫东的指使下，篡改了哥白尼的原意。他在《天体运行》一书中，塞进了一篇怯懦的序言。

1543 年，当这本书印好并送到弗洛恩堡时，哥白尼已生命垂危。他的眼睛已经失明，只用手痉挛地抓住书本摸了摸，就与世长辞了。

哥白尼的成就不仅仅在于他给人提供了著名学说，重要的是他冲破了世俗教会压制下的人类思想牢笼，从此使真正意义上的科学发现层出不穷……

牛 顿

NIUDUN

天才是长期劳动的结果。

——牛顿

姓　　名：艾萨克·牛顿

生 卒 年：1643 年~1727 年

出 生 地：英国林肯郡乌尔斯索普镇

突出成就：著有《自然哲学的数学原理》一书，以三大运动定律和万有引力定律为基础，建立了完美的力学理论体系。

牛顿于 1643 年 1 月 4 日出生在英国伦敦林肯郡的一个农民家庭。牛顿自幼沉默寡言，性格倔强，少年时代就喜欢动脑筋摆弄小机械，表现出手工制作机械方面的才能。12 岁时，牛顿来到格兰山镇上的金格斯中学，寄宿在克拉克的药店楼上。他用木箱和玻璃瓶做成水钟，控制时间，每天黎明时水钟按时滴水到他的脸上，把他叫醒。

牛顿在中学时代学习成绩并不出众，但是非常爱好读书，对自然现象充满好奇心，他分门别类地记读书心得笔记，又喜欢搞些小工具、小发明、小实验。一次，他把自己做的小风车带到学校给同学看，有两个平时成绩好的同学挖苦他说："这个笨木匠，不好好读书，手艺倒是不错。"牛顿生气极了，便把他们打翻在地，结果受到了严厉的惩罚。此后，他下决心好好学习，成绩直线上升。1661 年，牛顿以减费生的身份进入剑桥大学三一学院，1664 年获得奖学金，1665 年获学士学位。一位叫巴罗的学者发现牛顿是个人才，举荐他为研究生，把牛顿引向了自然科学的王国。1665 年，伦敦瘟疫流行，剑桥停课，牛顿回到了故乡。

实验中的牛顿

1665年~1666年，牛顿认真总结了前人的科学研究方法并加以运用，创立了二项式定理，发明了微积分，用三棱镜把白光分解成七色光并确定了每种颜色光的折射率，他还继承了笛卡儿把地上的力学应用于天体现象的想法来探索行星椭圆轨道问题，试图把苹果落地与月亮绕地球公转联系起来。1667年牛顿重返剑桥大学，在巴罗教授的指导下继续从事科学研究工作。1669年，巴罗教授推荐他担任“卢卡斯数学讲座”教授，26岁的牛顿担任此职一直到53岁。1672年，他被接纳为伦敦皇家学会会员。1687年，《自然哲学的数学原理》这一划时代的著作问世，该书以牛顿的三大运动定律和万有引力定律为基础，建立了完美的力学理论体系，说明了当时人们所能理解的一切力学现象，解决了行星运动、落体运动、振子运动、微粒运动、声音和波、潮涨潮落以及地球的扁圆形状等各式各样的问题。在以后的二百多年中，再也没有人补充任何本质上的东西，直到20世纪量子论和相对论的出现，才使力学的范畴扩大。牛顿的学说为唯物主义哲学、文学艺术的健康发展提供了坚实的基础。1696年，牛顿担任造币局副局长，经过两三年的努力，很快解决了英国的币制混乱问题。1703年，牛顿被选为皇家学会会长。

此后，他又发表了《光学》《三次曲线枚举》《流数法》《使用级数、流数等等的分析》等著作。

1727年3月30日，84岁的牛顿出席皇家学会例会后，突然发病，回到家中后，于3月31日拂晓前与世长辞。他的临终遗言是："我不知道世上的人对我怎样评价。我却这样认为，我好像是在海滨上玩耍的孩子，时而拾到几块晶莹的石子，时而拾到几块美丽的贝壳并为之欢欣。那浩瀚的真理的海洋却仍无限地展现在面前。"

人们不会忘记牛顿在自然科学领域的突出贡献。

瓦 特
WATE

蒸汽机是第一个真正国际性的发明。

——恩格斯

姓　　名：詹姆斯·瓦特

生 卒 年：1736 年~1819 年

出 生 地：苏格兰格里诺克城

突出成就：对当时已出现的原始蒸汽机作了一系列的重大改进和发明。

瓦特于 1736 年 1 月 19 日出生在苏格兰格林诺克城的一个造船匠家庭，从小母亲教给了瓦特语文和数学知识，鼓励他玩各种玩具和小机械，培养他观察思考问题和动手实践的能力。一次，壶里的水开了，蒸汽把壶盖冲得“啪啪”作响，从壶嘴里冒出白雾。瓦特对此产生了兴趣，便开始寻找壶盖跳动的原因。1757 年，瓦特到格拉斯哥大学当修造教学仪器的工人，他在那里与化学家约瑟夫·布莱克和以后成为物理学教授的约翰·鲁滨逊成为好友，他们三人经常聚在一起，讨论研究改进蒸汽机的问题，瓦特从中学到了不少科学理论知识。

1764 年，瓦特受委托修理一台纽可门蒸汽机，机器很快就被修好了，但瓦特并不满足，决心进一步改进它。于是，他与一个叫约翰·巴罗克的工厂主合伙，经过三年多反复试验，终于在 1768 年制造出真正能够运转的蒸汽机。1769 年，他获得了发明专利权。瓦特发明的新型蒸汽机，除了采用分离式冷凝器外，还采用了如机油润滑、填料函、气缸绝热套等一系列改进和发明，它的耗煤量仅为纽可门蒸汽机的 1/4，工作效率却大大提高。

1781 年，瓦特提出 5 种将往复运动转变成旋转运动的方法，其中最有名的“行星齿轮结构”在后来的工业生产中得到广泛应用；1782

年，瓦特获得了“双动作蒸汽机”的专利；1784年，瓦特在他的新专利中又提出了“平行连杆结构”的概念，使蒸汽机具有了更广泛的实用性。1788年，他又发明了离心调速器和节气阀；1790年，完成了气缸示功器的发明。至此，瓦特完成了对蒸汽机发明的全过程。

瓦特对蒸汽机的发明是第一次工业革命中划时代的重大事件。蒸汽机的广泛应用，使人类获得了空前强劲的、可被人类控制的动力资源，对社会经济的跨越性发展起了关键性作用。1819年8月25日，瓦特在家中安然去世，享年83岁。后人为了纪念他的伟大发明，把功率计算单位称为“瓦特”。

达尔文

DAERWEN

能够存活下来的不是最强大的物种，也不是最聪明的物种，而是对变化做出最快响应的物种。

——达尔文

姓　　名：查理·罗伯特·达尔文

生 卒 年：1809 年~1882 年

出 生 地：英国什鲁斯伯里

突出成就：著有《物种起源》一书，是进化论的奠基人。

达尔文于 1809 年 2 月 12 日出生在英国什鲁斯伯里的一个医生家庭，从小深受母亲影响，达尔文喜欢散步，接触大自然。8 岁时，他进入教会学校读书。他从小就喜欢收集邮票、画片、矿石、钱币等物品，热爱大自然，喜欢仔细观察各种动植物并采集标本。9 岁时，他进入文法学校读书，学习成绩平平，但更专注于自己所喜欢做的事情。一次，达尔文到郊外采集甲虫标本，他在树皮下发现了两个罕见的甲虫，就一手一只将它们抓住。此时，他又发现了一只，于是，他不假思索地把右手的那只甲虫放进嘴里含住以便腾出手来。不料，嘴里的甲虫分泌出一股辣辣的液汁，他赶紧把它吐出来，这时，刚才抓在手里的甲虫也不见了。

16 岁时，他被父亲送到爱丁堡大学学医，但他对于授课内容并不感兴趣。两年后，他转往剑桥大学学习神学，父亲希望他将来成为一个“尊贵的牧师”。

在剑桥的 3 年里，达尔文与地质学教授塞奇威克和植物学教授亨斯罗结识，更加热心于对自然界的观察和研究，阅读了大量自然科学书籍，采集了许多昆虫标本，而对神学的学习却没什么进展。当读了洪堡的《南美洲旅行记》和赫胥黎的《自然哲学导言》之后，他便立志要投身于自然科学研究。

1831年，达尔文大学毕业，经亨斯罗的推荐，以博物学家的身份参加了英国政府组织的“贝格尔号”军舰的环球考察，从此开始了漫长而又艰苦的环球考察活动。达尔文每到一处都要进行认真的考察研究，采访当地的居民，采集矿物和动植物标本，挖掘生物化石，收集没有记载的新物种，积累了大量资料。在考察过程中，达尔文敏锐地觉察到物种在不同地区的变化状况，逐渐对《圣经》中“创世纪”的人类起源说产生了怀疑，并萌生了生物进化论的思想。1836年10月的环球考察结束，回到英国后，达尔文集中整理考察日记和采集的标本，同时参与培养动物新种实验和杂交实验，开始为他的生物进化理论寻找根据。

1859年11月，达尔文经过二十多年苦心研究写成的科学巨著《物种起源》正式出版。它以充分的事实证明了“物种不是不变的”，“一切生物都不是特殊的创造物”，推测了人类的起源，并提出了自然选择学说来解释生物的进化。在这部书里，他还提出了“进化论”的思想，说明物种是在不断的变化之中，实现了由低级到高级、由简单到复杂的演变过程。达尔文列举了大量事实，以自然选择的理论阐释了生物进化观点。这部著作第一次把生物学建立在完全科学的基础上，推翻了神创论和物种不变的理论，标志着进化论的正式确立。随后，达尔文又开始写他的第二部巨著《动物和植物在家养下的变异》，进一步阐述他的进化论观点，提出物种的变异和遗传、生物的生存斗争和自然选择的重要论点，并很快出版了这部巨著。此外，达尔文还有许多著作，如《人类和动物的表情》（1872）《食虫植物》（1875）《植物界的异花受精和自花受精》（1876）《同种花的不同形态》（1877）《植物的运动能力》（1880）等等。

《物种起源》在学术界和社会上引起了巨大轰动，达尔文也迅速誉满全球。剑桥大学授予他博士学位，并为此举行了隆重的会议，在会上用拉丁语向达尔文致贺词。1878年，他被选为法国科学院植物学部通讯院士，同年又被选为柏林科学院的通讯院士。

1882年4月19日，达尔文在家中病逝，享年73岁。达尔文的理论对人类历史的发展产生了巨大的影响。

巴斯德

BASIDE

当你做成功一件事，千万不要等待着享受荣誉，应该再做那些需要的事。

——巴斯德

姓　　名：路易·巴斯德

生 卒 年：1822年~1895年

出 生 地：法国汝拉省多尔

突出成就：近代微生物学的奠基人。

路易·巴斯德是从贫民手工业者之中走出来的科学家，第一次发现了不为人知的微观世界，开辟了医学治疗的微观领域。他的发现拯救了他生前身后亿万人的生命。

路易·巴斯德出生于法国东部一个世代以制革为业的家庭里。巴斯德成为这个家族第一位接受正规教育的人，这得益于他善良的父亲。作为穷人家的孩子，求学之路是艰辛的。为了挣钱付学费，也为了减轻家里的负担，中学时代的巴斯德就一边读书，一边当助理教员，他的生活非常俭朴，几乎没有娱乐。由于他时常饿着肚子看书，所以经常胃痛。尽管如此清苦，但巴斯德始终对自己充满信心。1843年他终于依靠自己的努力和勤奋，叩开了巴黎高等师范学校的大门，从此他便一步步踏入了科学的神圣殿堂。他的意志力使其拥有了属于自己的未来。

巴斯德生活的时代，酿酒生产中酒质变酸的问题一直没有得到解决，这阻碍了酿酒业的发展。于是，巴斯德开始了对酒质变酸问题的研究。经过研究，他指出啤酒之所以变酸，是乳酸杆菌在营养丰富的啤酒里迅速繁殖的缘故。他发明了一个极为简单有效的防止啤酒变酸的方法：把封闭的酒瓶放进铁丝篮里，在五六十度的水里放半小时就可杀死乳酸杆菌，经过这道工序后，酒的质量就不会再变坏了。

这种“巴斯德式”消毒法改变了食品饮料加工贮存业的命运。

由于当时很多人因为负伤后受细菌感染而死，巴斯德便告诫医生们所有手术及包扎用品要高温消毒后才能防止感染。英国外科医生利斯特应用巴斯德的灭菌原理，两年内把开刀死亡率由90%降到了15%。他在写给巴斯德的信上说：“人类已享受到您工作带来的幸福。”

1878年，巴斯德受法国农业部委托，带领两名助手赶到羊瘟盛行的灾区。经过仔细观察，巴斯德得出结论：羊吃了带芒刺的受污染的草，使羊的舌或咽喉受伤，杆菌就会从伤口进入血液，羊就染病而死。

1881年，巴斯德成功制成能抗炭疽病的疫苗，只要将疫苗给羊注射，羊就不再得炭疽病了，这种办法对牛也适用。

巴斯德又踏上了新的征程——研制狂犬疫苗以拯救受狂犬病之苦的人类。他从狂怒的疯狗身上摄取唾液和血液，再注入健康狗身上，试图找到此类疾病传播途径。他发现引起狂犬病的微生物是通过神经系统发生作用的，它从伤口进入到中枢神经的过程即是潜伏期，如果它没进入中枢神经，就不会得病死亡。巴斯德利用疯狗的延髓加以处理，制成免疫疫苗，用它注射到健康狗或被咬伤的狗身上，结果效果良好。

1885年7月，正当巴斯德要在自己身上做试验时，实验室送来一个小孩，他被狗咬伤了14处之多，巴斯德当即给小孩注射了新研制的疫苗。巴斯德提心吊胆地度过了两周，然而令他惊喜的是孩子安然无恙，治疗获得了成功，这个医学成就改变了人类对疾病的认识。法国科学院赠送给巴斯德一枚纪念章，正面是他的半身侧面像，背面则有“巴斯德先生七十寿辰纪念”字样。

巴斯德以“意志、工作和成功”来要求自我，在生物医疗领域取得了前无古人的成就。

巴斯德于1895年9月28日病逝。请记住这位救世者的名字——路易·巴斯德。

诺贝尔

NUOBEIER

生命，那是自然赋给人类去雕琢的宝石。

——诺贝尔

姓　　名：艾尔弗雷德·诺贝尔

生 卒 年：1833 年~1896 年

出 生 地：瑞典斯德哥尔摩

突出成就：发明了炸药；将其遗产的大部分作为基金，设置了诺贝尔奖金。

艾尔弗雷德·诺贝尔于 1833 年出生在瑞典首都斯德哥尔摩的一个机械师家庭，自幼体弱多病，且长相丑陋。由于家境贫困，他几乎没有受到过什么正规的学校教育。

1842 年，因他的父亲伊曼纽尔在圣彼得堡开设了一家生产地雷和水雷的工厂，诺贝尔的全家也随之迁往圣彼得堡。随着家庭状况的逐步好转，父亲为诺贝尔兄弟三人请了家庭教师。诺贝尔虽然年纪最小，学习却最为用功，尤以外语最为突出，他掌握了英、俄、德、法等语言。小诺贝尔喜爱雪莱的诗歌，对文学产生了浓厚兴趣，诗歌中所描绘的美好事物和那种崇高的艺术境界伴随着他度过了一生的时光。后来他不仅写过诗，还写过小说和戏剧，由此可见他对文学的厚爱。

童年的诺贝尔从父亲那里听到了许多关于科学家的故事，从那时起诺贝尔就立志要刻苦学习，将来也成为一名有所作为的科学家。

在 16 岁那年，诺贝尔到法国巴黎求学。随后，他又在父亲的支持下来到纽约，跟一位工程师学习机械制造及一些化学知识。在这里，诺贝尔被科学深深地吸引，并树立了献身科学事业的崇高信念。4 年后，诺贝尔回到了圣彼得堡，加入父亲和哥哥们的工作中。

同时诺贝尔又积极地研究威力更强大的火药，以取代父亲发明的水雷。

诺贝尔雕塑

他了解到意大利的索布雷洛发明的硝化甘油爆炸力很强，但因为在试验中发生了大爆炸而放弃了研究，于是，他便开始深入研究硝化甘油。这是一项极其危险的研究工作。他的弟弟爱弥尔和许多人都在进行实验时丧命，他和父亲偶然外出，才躲过了一场灾难。一时间硝化甘油变成了使人谈虎色变的“怪物”。其实，硝化甘油用途的重要性在当时已十分明显，建铁路、修运河、采矿石、开隧道都可派上用场。诺贝尔深知自己研究与发明的重要性，为了提高炸药的安全性能，减少意外爆炸事故的发生，他在提高炸药威力的同时，注意提高炸药的安全系数。终于在1875年，他发明了明胶炸药，不仅提高了炸药的威力，同时也大大提高了炸药的安全系数。因他的杰出贡献，瑞典科学院授予他莱阿斯蒂特奖金。

诺贝尔一生获取的专利多达三百多种，包括防爆锅炉、自动闸，火箭发射法、电话及电池的改良等等，其中最著名的就是炸药。

诺贝尔一生厌恶战争，向往和平，但他发明的炸药却使成千上万人在战争中丧命，为此他决定设立和平奖金。

1891年，在伯尔尼召开的世界和平大会上，他通过他的朋友——女作家伯莎·苏特娜夫人向和平大会进行捐赠，以此来资助世界和平运动。

1895年11月27日，他立下了世界上最具影响力的遗嘱：“我献出我的全部财产，以它的利息设立5个奖项：物理学奖、化学奖、生理学和医学奖、文学奖、和平奖。上述各奖项希望授予最适当的人，国别不限。”从此，这项超越国籍的诺贝尔奖成为世界上最权威、最具影响力的国际大奖。1896 年 12 月 10 日，诺贝尔逝世，终年 63 岁。诺贝尔的名字和他在科学探索中取得的成就永远留在了人类社会发展的文明史册上，并闪耀着炫目的光辉。

爱迪生

AIDISHENG

天才，那就是一分灵感加上九十九分汗水。

——爱迪生

姓　　名：托马斯·阿尔瓦·爱迪生

生 卒 年：1847 年~1931 年

出 生 地：美国俄亥俄州迈兰镇

突出成就：发明了留声机，实验并改进了白炽灯和电话。

1847 年 2 月 11 日爱迪生出生在美国俄亥俄州的迈兰镇，他从小就对事物充满着好奇心，对生活中的每一件事情都喜欢寻根究底。有一次，父亲在草棚里发现他趴在草堆里一动不动，便问他在做什么，爱迪生一本正经地说："我在孵小鸡呀！"父亲对他说人是孵不出小鸡的，爱迪生问道："为什么母鸡能，我就不能呢？"

8 岁时，爱迪生上学，只读了 3 个月的书，就被老师斥以"低能儿"而撵出了校门。原因是爱迪生经常问一些令老师很为难的问题，比如，2 加 2 为什么会等于 4？他的问题难倒了老师，可老师教的功课，他也是一点儿不理解，只好被母亲领回了家里。

此后，母亲成了爱迪生的老师。在母亲的引导下，他迷上了读书，读了莎士比亚、狄更斯的著作和许多重要的历史书籍。9 岁时，他便开始阅读难度较大的书，如柏克的《自然与实验哲学》，从中他学到了许多知识。12 岁那年，他开始在列车上当报童，并在车上租了一个小房间，买了一台简单的印刷机，自己编写、印刷报纸，然后出售。他因此而发了一点儿小财，购买了一些化学用品，便开始在火车上的工作室里做实验。有一次化学药品着了火，他的设备被恼怒的列车员全部扔出了窗外，而他本人也因此挨了列车员的耳光，一只耳朵被打聋。15 岁那年，爱迪生在火车道旁救了一个站长的小孩，为表示感谢，站长把铁路电报技术教给了他，并推荐他在铁路公司当电报生。

1869 年，爱迪生来到纽约，靠自己娴熟的技术在一家通信所当了一名电报员。不久，他就发明了一种新式电报机。他的这一发明极大地促进了现代电报业的发展，“青年发明家爱迪生”的美名也迅速传遍了全国。1876 年，爱迪生在纽约附近的门罗公园创立了一所大规模的实验工厂。他改进了贝尔发明的电话，并使之投入实际使用；还先后发明了留声机、电灯、电影放映机等。他的公司在 1903 年摄制了第一部故事片《列车抢劫》。以后，爱迪生创办了许多商业性公司，这些公司后来合并为爱迪生通用电气公司，后又称为通用电气公司。他还发明了碱性电池、有声电影，找到了化工新材料橡胶。从 1869 年到 1910 年的 41 年间，爱迪生一共获得了 1 328 项发明专利，平均每 10 天就有一项新发明问世。

1931 年 10 月 18 日，爱迪生因病逝世，享年 84 岁。

居里夫人
JULIFUREN

我的最高原则：不论遇到什么困难，都决不屈服。

——居里夫人

姓　　名：玛丽·居里

生 卒 年：1867 年～1934 年

出 生 地：波兰华沙

突出成就：先后发现了钋和镭两种天然放射性元素。

1867 年 11 月 7 日，玛丽出生于波兰一个知识分子家庭，她的父亲是中学的数学、物理教师，母亲是女子寄宿学校的校长。在家庭的影响下，她自幼聪明好学，对物理现象有着浓厚的兴趣。

少年的玛丽，虽然家境贫寒，但十分好学。她 6 岁时上学读书，那时的波兰，已被俄、普、奥三国瓜分，华沙当时并入俄国领土范围。在学校里，学生只能学俄语，学校便偷偷教学生波兰语，同时还得防备督学的突然检查。民族的压迫和生活的窘困激发了她的学习热情。16 岁那年，她以优异的成绩毕业于华沙女子中学，并获得了金质奖章。但是她家境贫困，又无力到国外求学，只好到乡下当了 5 年家庭教师。在此期间，她省吃俭用，攒钱准备到国外求学。

1891 年的冬天，玛丽只身一人踏上了去巴黎的旅途。虽然这时天气很冷，但在她的胸中，蕴含着一股渴望知识的烈火，因为她马上要到著名的巴黎大学学习了，这是她多年梦寐以求和为之奋斗的理想。

进入巴黎大学理学院后，这位贫穷的波兰姑娘每天上课都来得很早，总是坐在教室的第一排，全神贯注地倾听教授讲解。下课之后，除吃饭之外，不是到实验室搞实验，就是到图书馆看书。功夫不负有心人，不久她便成为全班中最优秀的学生，备受老师的重视和同学的尊敬。学成毕业后，玛丽本想回波兰报效祖国。但由于认识了志同道合的法国物理学家皮埃尔·居里，她才决定留下工作。1895 年，玛丽和皮埃尔结婚以后，人们称玛丽为居里夫人。就在这一年，德国科学家伦琴发现了一种能透过固体物质的 X 光射线。第二年，法国物理学家贝克勒，又发现铀矿物能放射出一种与 X 光线相似的奇妙的射线。这种奇妙的射线，对玛丽来说，具有莫大的吸引力，使她产生了浓厚的兴趣。她认为，这是个绝好的研究课题。于是，便同丈夫皮埃尔在艰苦的条件下开始了认真细致的研究。

在研究过程中，她发现能放射出那奇怪光线的不但有铀，还有钋，并且贝克勒所发现的光线要比铀放射的光线强得多。因此，她进行了大胆判断：还有一种物质能够放射光线，这种新的物质，只是极少量地存在于矿物之中。居里夫人把它命名为“镭”，因为在拉丁文中，它的原意就是“放射”。

经过 3 年多的艰苦工作，居里夫妇终于在 1902 年提炼出 0.1 克镭，接着她又初步测定了镭的原子量。他们发现这种元素的放射性要比铀强 200 万倍，因而不用借助任何外力，就会自然发光发热。

镭的发现，引起了科学乃至哲学的巨大变革，为人类探索原子世界的奥秘翻开了新的一页。它的发现，开辟了科学世界的新领域，并由此诞生了一门新兴的学科——放射学。1903 年 11 月的一天，英国伦敦皇家学会把该会的最高奖赏——戴维奖章，挂在这对年轻夫妇的胸前，以表彰他们为人类发现了极其珍贵的放射性元素——镭。

正是因为居里夫妇对科学革命具有突出的贡献，1904 年，他们获得了诺贝尔物理学奖。

居里夫人的大半生都过着清贫的生活，提取镭的艰苦过程也是在简陋的条件下完成的。居里夫妇拒绝为他们的任何发现申请专利，为的是让每个人都能自由地利用他们的发现。他们把诺贝尔奖的奖金都用到了以后的研究上。他们把镭应用于医学，用它来治疗癌症，为医学的进步和人类社会的发展而不懈努力。1906 年 4 月 19 日，皮埃尔因车祸逝世，居里夫人忍痛继续研究，1911 年她再次荣获诺贝尔化学奖。

1934 年 7 月 4 日，原子时代的先驱、镭的“母亲”——居里夫人与世长辞了。但人们永远不会忘记这位镭的“母亲”。

马可尼
MAKENI

我愿意告诉诸位，倘使诸位能够尽心竭力地干一件事，是一定可以成功的。

——马可尼［HT］

姓　　名：马可尼
生 卒 年：1874 年～1937 年
出 生 地：意大利
突出成就：发明了无线电报，被称为“无线电之父”。

马可尼是 19 世纪末 20 世纪初的伟大发明家，他努力使无线通讯走向了实际应用，被称为“无线电之父”。

1874 年 4 月 25 日，马可尼出生于意大利的博罗尼亚。父亲是一个牧场主，母亲是英国爱尔兰贵族的后裔。

马可尼自幼便通过兴趣的引导掌握了许多自然科学知识。

大学时期的马可尼深得物理学教授奥方斯特 · 里奇的赏识。当时里奇正在进行电磁波实验，受他的影响，马可尼开始自己动手做电磁波实验，并逐渐迷恋上了对电磁波的研究。就在那个时期一个念头涌上了他的心头——能否用电磁波来传递音讯?

此后马可尼便在父亲庄园的一座小楼上搞起了他的实验。他经历了无数次的失败，他的父亲曾批评他是个“不切实际的空想家”，认为这种无谓的实验只是浪费时间而已，但他毫不气馁，始终如一地坚持着自己的信念。

1894 年注定是 20 岁的马可尼生命中不同寻常的一年。一天，他在楼上放了一个小长桌作为他的实验台，上面摆一了台简陋的收报装置，

马可尼和他的无线电通讯机

他在楼上一按电钮，就从楼下的客厅里传来了一阵铃声，而楼上和楼下并没有导线相连。这就是他第一次实验的无线电信号传送。1895 年秋，马可尼把电磁波信号传到了 2.7 千米远的地方，这当然更引起了他继续研究的兴趣，期间由于经费问题，再加上得不到意大利政府的支持，马可尼被迫来到了英国。

1896 年 6 月 2 日，马可尼将自己的专利以 25 万美元的价钱卖给了英国政府，并获得了英国邮电总局总工程师普利斯博士的大力支持和帮助。在普利斯的支持和帮助下，马可尼在英国进行了多次无线电收发表演，并获得了成功。

1897 年，他在伦敦成立了马可尼电报公司，由英国政府代办，马可尼亲自兼任董事长。第二年七月，马可尼的无线电报装置正式投入商业使用，第一次用无线电为爱尔兰首都都柏林《每日快报》报道了有关金斯汤赛船的情况。马可尼无线电报的发明成功，使海上航行安全得到了保障。1899 年 3 月 3 日，东凯旋号船被另一条船撞破，正在危急之时，许多地方都收到了呼救信号，很多船立即赶去抢救。

1901 年 12 月 12 日，马可尼完成了首次横渡大西洋的无线电通信：美国能收到英国拍发的电讯！这一消息震惊了全世界，各地的报纸纷纷以大字标题刊出，尤其是科学界更是兴奋得发狂。马可尼已创造了一个新的时代，无线电自此可以让我们的消息随时传递到全世界去，这时候，马可尼才只有 27 岁。

马可尼发明的无线电报不久便在全球范围内得到广泛的应用，许多国家的海岸、要塞都建立了马可尼式的无线电台，大多数的轮船也纷纷采用了他的无线电装置。而且，他发明的无线电直接促成了广播事业的诞生：世界上第一次正式广播是1920年在英国开始的，接着美国和其他许多国家的无线电广播事业，也都蓬勃发展起来。无线电事业终于真正成了全球性的事业。

马可尼的发明改变了世界原有的通信状况，极大地推动了世界各地之间的交流。

爱因斯坦

AIYINSITAN

用一个大圆圈代表我所学到的知识，但是圆圈之外是那么多的空白，对我来说就意味着无知。

——爱因斯坦

姓　　名：阿尔伯特·爱因斯坦

生 卒 年：1879年~1955年

出 生 地：德国乌尔姆

突出成就：建立了狭义相对论，并在此基础上推广为广义相对论。

爱因斯坦于1879年3月14日出生在德国南部古老的小城乌尔姆，他的父母都是犹太人。到了四五岁，爱因斯坦还不会说话，有一次，父亲送给他一个指南针，爱因斯坦非常好奇，注视着指南针，激动得浑身发抖，从此对科学产生了极大的兴趣。爱因斯坦上小学时成绩平平，可他善良、虔诚，做事情一丝不苟，同学们都很喜欢他。当时犹太人在德国受到歧视，不平等的待遇给他小小的心灵留下了阴影，使他形成了叛逆的性格。10岁时他进了路德中学学习，他讨厌老师刻板、灌输式的教学方法，只对数学、物理与哲学感兴趣，而这些学科在学校里并不受重视，从此爱因斯坦自学高等数学、康德哲学。在老师的眼里他生性孤僻、智力迟钝、不守纪律、心不在焉、想入非非，认为他将一事无成。后来他竟被学校勒令退学。然而谁能想到，就是这样一个不被人看好的孩子，日后成了一位举世闻名的大科学家。

作为科学家，他也有幽默的一面。

一次，维恩教授的学生劳布在他的论文中也提到了相对论，可教授不同意他的观点，叫他去找爱因斯坦。碰巧爱因斯坦一个人在家，他正跪在地上生炉子。见到来客，他扔下捅火棒，伸出了两只乌黑的手。爱因斯坦没有觉察到客人的迟疑，就把两只乌黑的手和客人两只雪白的手握在了一起。爱因斯坦用手背擦了一下被煤炭灰染黑了的额头，笑着说："你看，我和人谈辐射，可是这个懒惰的炉子，就怎么也辐射不出热来。"

有一天，爱因斯坦的小儿子爱德华问他："爸爸，你到底为什么这样有名呢？"爱因斯坦意味深长地对儿子说："你看，有一只甲虫在这个球上爬行，它不知道自己所走过的路是弯弯的。很幸运，你爸爸知道。"话虽简单，但道理却异常深刻。

一次，一大群学生说笑着，跑来问爱因斯坦什么叫相对论。爱因斯坦回答说："你坐在一个漂亮姑娘旁边，坐了 2 小时，觉得只过了 1 分钟；如果你紧挨着一个火炉，只坐了 1 分钟，却觉得过了 2 小时。这就是相对论。"通过简单而又诙谐的讲解，既解释了问题，又给学生留下了深刻的印象。

1919 年，爱因斯坦的相对论被英国剑桥大学著名天文学教授爱丁顿通过观测日全食而验证。爱因斯坦一夜之间成了世界名人。他在世界各国巡回演讲，成为备受欢迎的巡回大使。在波士顿，有人问他："声音在空气中的传播速度是多大？"爱因斯坦用手托住下巴，直率地说："很对不起，我不记得了。不过，干吗要去记它呢？随便哪一本物理参考书，都能找到这个数字。"

爱因斯坦在 1903 年与他的大学同学列娃·玛里奇结婚，但因个性不和，两人在 1919 年离婚。后来，爱因斯坦又和表姐艾丽莎结婚。艾丽莎是持家能手，熟悉爱因斯坦的脾气和生活习惯，把家里一切都弄得井井有条，让爱因斯坦过上了温暖舒适的家庭生活。1915 年，爱因斯坦发表了广义相对论，并于 1916 年完成了总结性的论著《广义相对论原理》，此书被称为 20 世纪理论物理学的巅峰之作。20 世纪 20 年代后，爱因斯坦集中精力探索统一场理论，并在 1929 年发表了论文《统一场论》。1933 年，他提出能量聚集的新理论，并邀请科学界的精英和记者一起参加他的论坛。

1955 年 4 月 18 日，这位 20 世纪最伟大的科学家在睡梦中与世长辞，享年 76 岁。

霍金
HUOJIN

当你面临着夭折的可能性，你就会意识到，生命是宝贵的，你有大量的事情要做。

——史蒂芬·霍金

姓　　名：斯蒂芬·霍金

生 卒 年：1942 年~2018 年

出 生 地：英国牛津

突出成就：建立了著名的微型黑洞爆炸理论。

霍金是被科学界公认的继爱因斯坦之后最伟大的理论物理学家，他的黑洞理论正逐步揭开有关宇宙的许多谜团。

斯蒂芬·霍金于 1942 年 1 月 8 日出生在英国牛津。早在 8 岁时，他就已经疾病缠身，行走很是不便。上中学时，他对物理学产生了特殊的兴趣，觉得它是科学中最基本、最有趣的学科。从此他决心献身于物理学的研究。

1962 年他在牛津大学获文学学士，1966 年他在剑桥大学三一学院获哲学博士。后来他便在剑桥大学牛顿曾供职过的卢卡斯数学研究院任客座教授。

不幸的是，60 年代初期，霍金患上了罕见的肌肉萎缩性侧索硬化症，这是一种不治的退化性疾病。疾病将他困在轮椅上，妨碍了他以直接简便的方式从事写作和计算，他的大部分工作，包括复杂的运算、艰难的数学证明，以及新概念的产生都纯粹是在他大脑中完成的。这对于一个物理学家来讲简直就是奇迹。

命运不断摧残不幸的霍金，到后来霍金全身能动的只有右手的 3 根指头，没有人知道他的 3 根指头什么时候会失灵，也没有人知道他的病什么时候会把他带离人世。患病之初，他曾酗酒，也曾失望地等死，不过在他的妻子简的帮助和鼓励下，他很快就从这种沉沦中摆脱出来，并继续他的理论研究。

身残语塞的霍金才思横溢，以惊人的毅力坚持学习和研究。长期的磨炼，使霍金获得了超乎常人的记忆力。每当他头脑里新的闪光的思想像泉水般涌流时，尽管他不能像健康人那样用笔写下来，但他能凭记忆牢牢捕捉住它，然后用最精辟的话语表达出来，甚至连最复杂艰深的数学推导，他都能记得一清二楚。

1974 年，霍金取得了他最激动人心的成果，这一成果连他自己都感到有点难以置信。他发现黑洞并不“黑”，而在以稳定的速率向外发射粒子，他从数学上反复证实了这个结果，还提出了一个能产生这一效应的物理学上的量子过程。此间，霍金曾同他的朋友多次讨论他将来的命运，他说，他预料自己最终会得肺炎而死，虽不知疾病何时发生，可是一定会发生。他还预料，在此之前他的智力将不会有任何退化，对此他信心百倍，对于自己的最终命运他似乎已经泰然处之。

当时许多人认为，黑洞是处于死亡阶段的恒星，那里的引力大得使任何物质甚至光子都被吸住而跑不出来，因而人们无法直接观测到它的存在。霍金一反这个传统看法，他建立了著名的微型黑洞爆炸理论。据说，在建立这个构思宏伟、见地独到的新理论时，霍金经常沉思默想、茶饭不思，连女儿出世也无暇顾及，他身在轮椅里，思想却无时无刻不在广袤无垠的宇宙中驰骋。

霍金的微型黑洞爆炸理论，对黑洞物理学的发展起了重大的推动作用，它改变了人们对宇宙的看法，为人们提供了解决宇宙源于何时这一难题的线索。它的发表，立即轰动了科学界，霍金随之名声大震，他被誉为当今世界上继爱因斯坦之后最杰出的理论物理学家。

霍金是上天赠给人类最美好的礼物，他却承受了人类最为不幸的灾难。霍金的伟大不仅在于他知识上的广博，还在于他坚强的性格，这是他献给人类的一笔无形的精神财富。

文学家

灵台无计逃神矢，风雨如磐暗故园。

寄意寒星荃不察，我以我血荐轩辕。

——《自题小像》

曹雪芹

CAO XUEQIN

满纸荒唐言，一把辛酸泪。
都云作者痴，谁解其中味。

——曹雪芹

字　　号： 字梦阮，号雪芹

生 卒 年： 1715 年～1763 年或 1764 年

出 生 地： 江宁（今江苏南京）

突出成就： 历经十载作一部《红楼梦》，是中国古典小说中最伟大的作品之一。

曹雪芹 1715 年生于江宁一个贵族世家。他自幼就接受了良好的家庭教育。曹家是一个“百年望族”之家，与朝廷有着密切的关系，从曾祖父曹玺起，经祖父曹寅，父辈曹颙、曹頫，三代世袭江宁织造。江宁织造在清代是一种特殊的官职，负责督理宁、苏、杭一带丝织事务，兼管向朝廷提供的供奉，并有向皇帝上密折的权力。康熙 6 次南巡，有 5 次在曹家居住。

曹家同时也是一个“诗礼之家”。曹雪芹的祖父曹寅能作诗及词曲，擅长书法，著有《楝亭诗抄》《词抄》《续琵琶记》等，曾汇刻前人文字、音韵书为《楝亭五种》，艺文杂著为《楝亭藏书十二种》，并主持编刊了《全唐诗》和《佩文韵府》。当时有很多文士名流都与曹家有过来往。出生在这样的书香门第里，对于提高曹雪芹的文学素养，无疑具有极为重要的意义。

然而他的文学才华得以表现，恰恰是在他的家世境遇发生了巨大变化以后。曹寅死后，康熙命曹寅之子曹颙继任江宁织造。不料曹颙接任仅两年有余便病死，此时曹雪芹尚在母亲腹中。康熙又命把曹寅之侄曹頫，过继给曹寅为次子，继任江宁织造。曹頫才干逊色，又不善于钩心斗角、投机钻营，曹家恩宠削减。雍正即位后排斥异己，曹頫以亏空款项等罪被革职、抄家，曹家急剧走向衰落。到乾隆时，曹家曾一度平反，但不久又因事再一次遭遇祸变，从此便一蹶不振了。

黛玉葬花

曹雪芹13岁前曾在南京过了一段“锦衣纨绔”“饫甘餍肥”的生活；13岁迁居北京以后每日吟诗作画，饮酒听曲，甚至“杂优伶中，以串戏为乐”。第二次变故发生后，他不得已在右翼宗学里谋得一个差使，并结识了敦敏、敦诚兄弟，成为默契好友。晚年“举家食粥酒常赊”，过着困顿不堪的贫穷生活。这种由富贵沦落为贫贱的不寻常经历使他对人世有了更深的了解，同时也以自己不同的心态去品味人生，品味生活，这一切为他创作《红楼梦》提供了丰富坚实的生活基础。

《红楼梦》是一部伟大的批判现实主义杰作。它以贾宝玉、林黛玉、薛宝钗之间的恋爱婚姻悲剧为主线，描写了贾、史、王、薛四大封建家族的衰亡过程。作品通过写四大家族的命运，真实地反映了危机四伏的清王朝统治的时代面貌，揭示了封建制度崩溃的历史趋势。作品也从三人的爱情、婚姻角度，揭示了封建礼教的残酷。在我国文学史上，还没有哪一部作品能把爱情悲剧写得像《红楼梦》那样富有激动人心的力量，也没有哪一部作品像《红楼梦》那样把爱情悲剧的社会根源揭示得如此全面、深刻。曹雪芹用他那如椽巨笔做到了这些，从而对封建社会作出了最深刻有力的批判，赋予了男女爱情主题以崭新的思想内容，开掘了更广泛的生活内涵。

《红楼梦》的艺术成就还表现在艺术结构的浑然天成。全书把那么多的人物、那么繁杂的事件编织在一起，交错发展，彼此制约，构成一幅壮丽的艺术画卷。这幅画卷如同一件精心编制的大网，使故事情节如同生活实际那样自然展开和运行，这在世界文学史上也是罕见的。《红楼梦》在语言运用上也是极为高超的。无论动作姿态，还是心理活动，抑或绘景状物，总是寥寥数笔就能传神入微。《红楼梦》是我国乃至在全世界都有着重要的珍藏与研究价值的奇书，为此，我国还有专门研究此书的学科，称为“红学”。

鲁 迅
LU XUN

灵台无计逃神矢，风雨如磐暗故园。
寄意寒星荃不察，我以我血荐轩辕。

——《自题小像》

姓　　名：原名周树人
生 卒 年：1881年~1936年
出 生 地：浙江绍兴
突出成就：中国新文化运动的旗手，出版了《呐喊》《彷徨》《野草》《朝花夕拾》等文集。

鲁迅1881年出生于没落的旧官僚的家庭，自幼聪明好学，兴趣广泛。少年时，除了在绍兴三味书屋读过“四书五经”外，他对具有悠久传统的民间艺术，像戏剧、传说故事等都十分喜爱。1898年春，17岁的鲁迅考入南京江南水师学堂学习，几个月后，转到江南陆师学堂的路矿学堂学习。1902年4月，鲁迅以优异的成绩毕业，并获得了公费留学日本的机会。

到日本后，鲁迅首先选择学医，立志要改变中国人“东亚病夫”的形象。但发生在仙台医学专科学校的“幻灯片事件”，使他感到“中国人的病不在身体上，而在精神上”。于是他果断决定弃医从文，离开仙台，来到东京。

1909年8月，鲁迅从日本回国，先后应邀在杭州的浙江两级师范学堂和绍兴府中学堂执教，还曾应蔡元培之请在教育部任职。1918年，鲁迅在《新青年》发表了中国现代第一篇白话小说《狂人日记》。小说通过对“狂人”的心理描写，形象地揭露和控诉了中国几千年“吃人”的历史，堪称“五四”运动中反封建的最强音。

从此，鲁迅的创作便一发而不可收，以揭露封建社会黑暗、封建礼教吃人为主题的作品接二连三地问世，《孔乙己》《药》《一件小事》《故乡》《阿Q正传》等作品相继发表。在《孔乙己》中，鲁迅成功地塑造了一个受科举考试制度毒害而沦落的读书人的形象；《阿Q正传》通过阿Q这样一个生动不朽的典型农民形象，深刻地揭示了辛亥革命的必然失败，反映了长期处于封建统治下的农村社会人们的劣根性和下层农民的愚昧现状。

1923年9月，鲁迅出版了小说集《呐喊》，将《狂人日记》《药》和《阿Q正传》等14篇短篇小说收入其中。3年后，鲁迅又出版了《彷徨》，收有《祝福》等11篇短篇小说。

除了小说外，鲁迅也写了大量散文、散文诗以及杂文。如《朝花夕拾》《野草》等。作为一个学者，他还致力于研究中国古代文化，撰写了极具见地和极有史料价值的《中国小说史略》。

1930年初，鲁迅参加了中国共产党领导的秘密政治团体“中国自由运动大同盟”，发表著名的讲话《对于左翼作家联盟的意见》，成为“中国左翼作家联盟”真正意义上的盟主。1931年2月，柔石等“左联”五烈士被害，鲁迅怀着悲愤的心情写下了《黑暗中国的文艺界现状》《中国无产阶级革命文学和前驱的血》，针锋相对而又巧妙地同国民党当局对革命文化疯狂“围剿”进行不屈的斗争。

在鲁迅的作品中，随处可见他的战斗精神以及他对中国黑暗社会的种种丑恶现象的无情批判，他的作品具有极高的思想性和艺术性。

1936年10月19日，鲁迅逝世。上万人自发地为鲁迅先生举行了庄严而隆重的葬礼，在棺盖上，民众代表为他覆上了“民族魂”的大旗。“鲁迅是一位为了中华民族新生而奋斗终生的文化巨人”，这是人民大众给予他的最恰当的评价。

老舍
LAO SHE

骄傲自满是我们的一座可怕的陷阱；而且这个陷阱是我们自己亲手挖掘的。

——老舍

姓　　名：原名舒庆春

生 卒 年：1899年~1966年

出 生 地：北京

突出成就：著述丰富，擅于刻画市民阶层的生活和心理，代表作有《茶馆》《骆驼祥子》等。

老舍，原名舒庆春，1899年2月3日出生于北京西城满族的一个贫民家庭。家里有好几个哥哥、姐姐，他出生后，家里的生活变得更为艰难了。1900年八国联军入侵，到处劫掠，父亲在保卫皇城的巷战中战死。此后，一家人的生计全靠母亲为人缝补、做佣人来维持。母亲日夜操劳，得些微薄的报酬使儿女们得以在战患中生存。在这样的家庭生活中，老舍过早地承受了家庭的苦难，从小便知道生活的艰辛，小小年纪就和母亲一起为生活而焦虑，成为一个郁郁寡欢的孩子。不幸的生活虽剥夺了他童年的欢乐，然而也给了他一般孩子没有的坚忍和深沉。老舍7岁才进入一家改良私塾读书，10岁进入市立小学学习。

1913~1918年，老舍就读于北京师范学校学习作诗、作文和演讲。因品学兼优，毕业后，老舍担任了一所小学的校长。两年后因成绩突出被提升为劝学员，待遇丰厚。后因与上司不和，愤而辞职，到市中学任教。1922年在天津南开学校任中学部国文教员，1923年发表小说《小铃儿》。

1924~1929年，老舍在英国的伦敦大学任东方学院华语讲师。1930

年，老舍从国外回到北平，经人介绍，认识了在北京师范大学读书的胡潔青。经过一年多的了解，他们举行了婚礼，开始了幸福的婚姻生活。

1937年抗日战争爆发，老舍只身离开济南，来到重庆，主持中华全国文艺界抗战协会，创办《抗战文学》三日刊。在此期间，老舍创作了大量反映抗战的文艺作品，为团结和组织广大文艺工作者参加抗日宣传工作进行了努力。老舍为了革命事业，与妻子儿女分开整整6年，没有一天不牵挂他们，而胡潔青更是含辛茹苦地抚养儿女，侍奉婆婆。直到婆婆逝世之后，她才下定决心离开沦陷区去重庆与分别多年的老舍相聚。她独自一人带着三个幼小的孩子，九死一生，历经两个月的磨难，才来到老舍身边。

1946年老舍去了美国西雅图，过了3年的旅美生活，旅美期间，老舍写完了《四世同堂》第三部《饥荒》。1950年，他回到新中国，担任了北京市文联主席，《北京文艺》主编，次年获“人民艺术家”奖。

老舍一生创作了一千多部作品，约七百万字。有长篇小说《赵子曰》《骆驼祥子》《二马》《猫城记》《牛天赐传》《离婚》《四世同堂》，中篇小说《月牙儿》《我这一辈子》，短篇小说《断魂枪》等，还有话剧《茶馆》《龙须沟》等。

老舍是个实干家，他给自己规定，每天必须写2 000字。然而每天写有每天写的难处，没有休整，没有间隔，必须不断地想。于是，走路、吃饭、浇花，所有的活动都在思考，就这样，几十年如一日。

老舍在中国现代小说艺术的发展中有十分突出的贡献。他的作品中最引人注目的主要有三点：第一是他一生执着于描写城市与人的关系，创造了市民文学；第二是老舍作品中浓郁的京味，他的作品大都体现了北京文化的人文景观，简直就是北京文化史的象征；第三是他的作品追求幽默，常达到一种轻松的效果。

遗憾的是，1966年8月24日深夜，老舍在北京太平湖投湖自尽。

但 丁
DANDING

道德常常能填补智慧的缺陷，而智慧却永远填补不了道德的缺陷。

——但丁

姓　　名： 但丁·阿利吉耶里

生 卒 年： 1265 年~1321 年

出 生 地： 意大利佛罗伦萨

突出成就： “中世纪的最后一位诗人，同时也是新时代的最初一位诗人”，以长诗《神曲》留名后世。

但丁于 1265 年出生在意大利佛罗伦萨的一个破落贵族家庭。他自幼聪慧，爱思考问题。父亲请著名学者鲁内托拉蒂尼当他的老师。在老师的建议下，他攻读完了古罗马作家维吉尔、奥维德和贺拉斯等人的作品，当时他才只有 10 岁。但丁一直保持着勤奋好学，谦虚谨慎的求学态度。他爱好广泛，曾经到帕多瓦、波伦那和巴黎等地的大学学习美术、音乐、诗歌、修辞学、古典文学、哲学、神学、伦理学、历史、天文、地理和政治各门学科，并都取得优异成绩。

早在青年时期，但丁就以激昂的热情投身政治运动，反对封建贵族的统治和罗马教皇对政治的干涉。后来，教皇重新控制了佛罗伦萨政权。1302 年，但丁被没收全部家产，并被判终生流放，他从此再未回过故乡。在流放初期，但丁写了《飨宴》《论俗语》《帝制论》三部作品。《飨宴》是意大利第一部用俗语写成的学术著作，向读者介绍古今科学文化知识并赞颂人的伟大；《论俗语》以拉丁文写成，为意大利民族语言和文学语言的发展奠定了理论基础；《帝制论》则从理论上阐述了政教分离、反对教皇干涉政治的观点，向神权提出了挑战。

但丁

从1307~1321年，但丁历时14年之久，完成了伟大的史诗著作《神曲》。《神曲》分为《地狱》《炼狱》《天堂》三部，通过对但丁幻游地狱、炼狱、天堂中遇到的上百个各种类型人物的描写，以广阔的画面，反映出意大利时代转折时期的现实生活和社会变革，体现了人文主义的新思想，为文艺复兴运动的兴起开辟了道路。因此，《神曲》也成了但丁的代表作，流传至今，仍具有不可代替的价值。

但丁晚年时，与妻子盖玛和已经长大成人的3个孩子在拉文纳团圆，得享天伦之乐。1321年9月14日，但丁病逝，享年56岁。

莎士比亚

SHASHIBIYA

明智的人绝不坐下来为失败而哀号，他们一定乐观地寻找办法来加以挽救。

——莎士比亚

姓　　名：威廉·莎士比亚

生 卒 年：1564 年~1616 年

出 生 地：英国斯特拉福

突出成就：欧洲文艺复兴时期人文主义文学的集大成者，“英国戏剧之父”。

莎士比亚于 1564 年 4 月 23 日出生在英国斯特拉福镇的富裕家庭。莎士比亚的父亲是个商人。

父亲经常带他去看戏，莎士比亚在观看演出时惊奇地发现：小小的舞台，几个演员，就能把历史和现实生活中的故事表现出来。他觉得非常神奇，因此，他喜欢上了戏剧。六七岁时，莎士比亚被父亲送进斯特拉福文法学校学习拉丁文和文学，在这里他接触到了古代罗马的诗歌和戏剧。为了模仿自己看到的情节，他常和小伙伴在一起表演。但不幸的是，父亲经商失败，无法再继续供他上学，14 岁的莎士比亚辍学，给父亲当助手。18 岁时莎士比亚结了婚，不到 21 岁，已有了 3 个孩子。他的妻子比他大 8 岁。莎士比亚对自己的婚事常常感到遗憾，曾在自己的作品中说：“女人应该与比自己年纪大的男子结婚。”不过，他对辛勤持家，抚养孩子成人的妻子依然关怀备至。1586 年，一个偶然的机会莎士比亚随一个戏班来到了伦敦，并找到一份为骑马的观众看马的差事。这样莎士比亚离戏剧更近了。一有机会，他总忘不了观看戏剧，模仿演员的表演。

莎士比亚头脑灵活、口齿伶俐，工作之余，他坚持自学文学、历史、哲学等课程，还自修了希腊文和拉丁文。当剧团需要临时演员时，他“近水楼台先得月”，再加上他的才华，终于能演一些配角了。演配角时，莎士比亚也一样认真，他出色的理解力和精湛的演技，使他不久就被剧团吸收为正式演员。

那时候，伦敦的剧团对剧本的需求非常迫切。因为一个戏要是不受观众喜欢，马上就要停演，再上演新戏。正因为莎士比亚曾阅读了大量的书籍，所以他更加了解自己祖国的历史和人民的命运，他决定也尝试写一些历史题材的剧本。

在莎士比亚的早期创作中，他的人文主义思想和独特的艺术风格逐渐形成，他的作品出色地反映了英国社会五光十色的生活画面。《罗密欧与朱丽叶》反映了人文主义者的爱情理想和封建恶习之间的冲突，集中体现了莎士比亚个性解放的思想。同期的《威尼斯商人》则尖锐地讽刺了高利贷商人极端利己的本性，有深刻的社会意义。

莎士比亚创作高峰的标志是四大悲剧：《哈姆雷特》《奥赛罗》《李尔王》和《麦克白》。其中《哈姆雷特》堪称世界最佳悲剧，主人公哈姆雷特也成了最复杂的文学典型之一。莎士比亚晚年转入神奇剧的创作，寄希望于乌托邦式的理想世界，作品有《辛白林》《暴风雨》等。

在他 52 年的生涯中，他为世人留下了 37 部剧本，154 首 14 行诗和两部叙事长诗。

莎士比亚戏剧的艺术特色主要在于情节的生动性与丰富性的完美结合，人物形象既具有高度的典型性，同时又具有丰富多彩的个性特征。作品思想通过情节和人物自然地表现出来。莎士比亚还是语言的大师，他吸收民间的语言以及古代和当代的文学语言，运用得得心应手。剧中时用散文，时用诗体，毫不刻板。他的许多词句脍炙人口。莎士比亚被同时代的戏剧家称为“时代的灵魂”，马克思也把莎士比亚誉为“最伟大的戏剧天才”。

“放弃时间的人，时间也放弃他”“智慧里没有书籍，就好像鸟儿没有翅膀”是莎士比亚的名言，也是他成为艺术大师的秘密。

歌 德

GEDE

你若要重视自己的价值，就得给世界创造价值。

——歌德

姓　　名： 约翰·沃尔夫冈·歌德

生 卒 年： 1749 年~1832 年

出 生 地： 德国法兰克福市

突出成就： 德国民族文学的杰出代表，有书信体小说《少年维特之烦恼》，诗剧《浮士德》。

歌德于 1749 年 8 月 28 日出生在德国法兰克福市的一个富裕的市民家庭。父亲是法学博士，母亲是市长的女儿，所以他很早就受到了较好的家庭启蒙教育。他自幼聪明过人，喜欢幻想。4 岁那年，他和妹妹去外婆家做客，并观看木偶戏。回到家后，他和妹妹一起模仿木偶表演，表现出对戏剧的兴趣。歌德从小就热爱文学，他曾学习过德国和意大利的文学，并且获得斯特拉斯堡大学学士学位。在斯特拉斯堡大学期间，歌德接触了莎士比亚、荷马等人的作品，深受他们创作风格的影响。1774 年，他发表了《少年维特之烦恼》，并因此而出名。1775 年他应邀到魏玛，次年被任命为魏玛公国的枢密顾问。此后，他成了魏玛公国的重臣，曾一度主持公国大政，力图进行一些改革。然而随着各方阻力的增强，加上对科学研究与文学创作的爱好，他陷入一种矛盾的痛苦之中，于是他 1786 年秋不辞而别，化名潜往意大利，直到 1788 年 6 月才返回魏玛。

在意大利的旅行是歌德一生中的重要转折时期，他重新认识了自己的过去，并在罗马结识了很多艺术家，而意大利如诗如画的风景，也更加丰富了他作为诗人的想象力。回到魏玛后，歌德专心于文学艺术创作，先后完成了戏剧《埃格蒙特》《托夸多·塔索》。1796年，歌德结识了著名诗人席勒，两人共同探讨文学，探讨社会。在席勒的影响下，歌德再次提笔创作青年时期就开始构思的巨著《浮士德》，并在1808年出版了第一卷。此后的时间里歌德一直在撰写《浮士德》的第二卷，并在1831年出版。从着手《浮士德》的写作到出版历时58年，在这58年中，歌德每日埋头苦读，研读其他作品，参考其他作品构思自己的作品，开始写作时几乎是忘记了一切事情，甚至他心爱的妻子与孩子。直到1807年，歌德与和他同居了18年的克里斯汀结婚，那时他们两人所生的孩子已经17岁了。

《浮士德》差不多可以说是歌德以毕生之力完成的。歌德于1831年最终完成此书时，他曾在日记中写道："主要的事业已经完成"，"以后的生命我可以当作纯粹的赐予了。我是否做什么或将做什么现在已经完全无所谓了"。《浮士德》塑造了一个不断探索人生真谛、不断进取的形象。主人公浮士德年届百岁、双目失明，仍然认为人生应当"每日每夜去开拓生活和自由，然后才能享受自由和生活"。这不但是歌德的追求，体现了资产阶级上升时期追求真理、自强不息的精神，也是德意志民族优秀传统的反映。《浮士德》的创作延续了近60年的时间，作品中体现了他的美学观点及思想发展。同时他的人生体验、哲学探索、艺术实践也使这部作品具有了永恒的魅力。《浮士德》与《荷马史诗》《神曲》等齐名，被文学家认为是史诗性的巨著。除文学创作外，歌德在自然科学领域也取得了一些成绩，如他解剖人体，发现了一直不被人注意的颚间骨，用显微镜观察种子的潜在萌芽等。

1832年3月22日，在《浮士德》第二卷出版后的第二年，歌德在魏玛逝世，享年83岁。

普希金
PUXIJIN

假如生活欺骗了你，不要悲伤不要心急，忧郁的日子里需要镇静，相信吧，快乐的日子将会来临。

——普希金

姓　　名：亚历山大·谢尔盖耶维奇·普希金

生 卒 年：1799 年~1837 年

出 生 地：俄罗斯莫斯科

突出成就：19 世纪俄国浪漫主义文学主要代表，现实主义文学的奠基人，被誉为“俄国文学之父”。

普希金于 1799 年 6 月 6 日出生在莫斯科一个破落的贵族家庭。

1811 年，12 岁的普希金跟着叔父来到彼得堡的皇村中学。这期间爆发了反法卫国战争，这场战争唤醒了俄罗斯民族，也对普希金童年时代的思想发展及世界观的形成产生了重大影响。他在爱国思想的激励下，诗兴大发，激情澎湃，写了许多优秀的爱国诗篇，当他的诗陆续在报刊上发表时，他的叔父大为惊讶，他发现普希金具有非凡的文学才能，于是想把侄儿培养成伟大的诗人。

中学毕业后的普希金被派往彼得堡外交部任十等文官。他用诗歌反抗欺骗和镇压人民的沙皇，诅咒人吃人的封建农奴制度。他的叙事诗《鲁斯兰与柳德米拉》取材于古代俄罗斯的童话故事，赞颂了俄罗斯壮士光辉的爱国主义行为。这些作品使沙皇政府感到惶惶不安。不久，普希金被警察拘捕，最后他被流放到俄罗斯南部的叶卡捷琳诺斯拉夫。这种流放生活并没有使普希金屈服，他以饱满和高昂的革命热情，创作了叙事诗《高加索的俘虏》《茨冈》和抒情诗《太阳沉没了》，历史悲剧

《波利斯·戈东诺夫》等，抨击俄国黑暗的农奴制度，流露出对人民的同情和对自由的追求。

不久，沙皇亚历山大驾崩。1826 年诗人普希金返回莫斯科，受到文学界和人民的热烈欢迎。

普希金在此期间，陆续发表了《毒树》《寄西伯利亚囚徒》《阿利昂》等诗篇，对政府的专制进行了猛烈的攻击和辛辣的嘲讽，并宣传了革命理想。此后他又写了英雄史诗《波尔塔瓦》、特写集《阿尔兹鲁姆旅行记》、长篇诗体小说《叶甫盖尼·奥涅金》和长篇小说《上尉的女儿》等来抨击沙皇政权。于是他与上层社会的矛盾越来越尖锐，沙皇也不断寻找各种机会对普希金加以迫害。

由于普希金的妻子冈察洛娃是莫斯科第一美人，沙皇对她垂涎三尺。1837 年，沙皇政府收买了一个法国亡命之徒丹特士，策划了一场阴谋，让丹特士借一切机会追求普希金的妻子，气愤之极的普希金答应和他决斗来了结此事。可是决斗时，普希金刚刚准备停当，狡猾的丹特士却提前开了枪。这狠毒的一枪打中了普希金的腹部，普希金最后倒在了血泊之中。普希金用诗来抒写生活，控诉统治阶级，用诗来表达爱情，这位伟大的诗人给后人留下了不朽的诗篇：

我爱你，彼得兴建的城，
我爱你严肃整齐的面容，
涅瓦河的水流多么庄严，
大理石铺在它的两岸；
我爱你铁栏杆的花纹，
你沉思的没有月光的夜晚，
那透明而又闪耀的幽暗。
常常，我独自坐在屋子里，
不用点灯，写作或读书，
我清楚地看见条条街路
在静静地安睡。我看见
海军部的塔尖多么明亮。
在金光灿烂的天空，当黑夜

还来不及把帐幕拉上，
曙光却已一线接着一线，
让黑夜只停留半个钟点。
我爱你的冷酷的冬天，
你的冰霜和凝结的空气，
多少雪橇奔驰在涅瓦河边，
少女的脸比玫瑰更为艳丽……

巴尔扎克

BAERZHAKE

伟大的人物都是走过了荒沙大漠，才登上光荣的高峰。

——巴尔扎克

姓　　名：奥诺雷·德·巴尔扎克

生 卒 年：1799 年～1850 年

出 生 地：法国图尔市

突出成就：法国现实主义文学的主要代表，作品《人间喜剧》被称为法国社会的百科全书。

巴尔扎克于 1799 年 5 月 20 日出生在法国图尔市的一个中产阶级家庭。巴尔扎克自幼在缺少家庭温暖的环境中长大。8 岁时他被送进一所教会学校，经常被老师责骂和鞭打，渐渐地他变得沉默寡言。虽然年纪小，巴尔扎克却兴趣广泛，记忆力和分析能力很强，通过自学掌握了许多知识。

巴尔扎克 15 岁随父母迁居巴黎，17 岁入法律学校就读，课余时间曾先后在律师事务所和公证人事务所当差。由于巴尔扎克对文学产生了深厚的兴趣，所以他经常旁听巴黎大学的文学讲座，通过努力获文学学士学位。他 20 岁开始从事文学创作，发表过许多不成功的剧本和小说，虽遭受挫折，但他从不放弃，并且毅然摆脱家庭，独立生活。1825 年～1828 年他先后从事出版业和印刷业，皆告失败，负债累累。经过探索和磨炼，巴尔扎克走上了现实主义文学创作道路。1829 年出版的长篇小说《朱安党人》，初步奠定了他在文学界的地位。1831 年发表的长篇小说《驴皮记》为他赢得声誉，成为法国最负盛名的作家之一。他早有把自己的作品结集成一个有机整体的设想。1841 年他在但丁《神曲》

巴尔扎克塑像

的启示下，正式把自己作品的总名定为《人间喜剧》，并在《〈人间喜剧〉前言》中宣称要做社会历史的“书记”。他认为社会环境陶冶人，他在体验生活的同时，阅读了大量书籍，自然科学、神学等无不涉猎。1829 年~1849 年，巴尔扎克为《人间喜剧》写出了 91 部作品，包括长篇、中篇、短篇小说和随笔等，分为“风俗研究”“哲学研究”和“分析研究”三个部分。长篇小说有《欧也妮·葛朗台》《高老头》《幻灭》《农民》《贝姨》等。

《人间喜剧》这部伟大的作品深得马克思和恩格斯的赞赏。在艺术上，巴尔扎克也有突出的成就。他提出：“要描写一个时代的主要人物，绘写出这个时代广阔的面貌，即通过塑造众多的典型反映整个社会。”正因为他对各类生活，各种人都有所了解，再加上他在书中所见的各种人各类事，所以在《人间喜剧》中虽然出现了一系列资产者的吝啬形象，但他们的性格毫不雷同，马克思曾赞扬巴尔扎克对吝啬性格的深刻研究。仅此一点，足以说明他在艺术上的高度成就。巴尔扎克特别重视对环境的描绘，以此作为塑造人物、再现社会的重要手段。他创造了同一人物在不同小说中反复再现的手法，使《人间喜剧》形成一幅互有联系的社会画卷。在他的作品中，现实主义和浪漫主义结合在一起，因而在跌宕起伏、长河滔滔的行文中，有时也闪现出绚丽的色彩。恩格斯指出：通过《人间喜剧》，巴尔扎克“提供了一部法国‘社会’特别是巴黎‘上流社会’的卓越的现实主义历史”。他的作品“是对上流社会必然崩溃的一曲无尽的挽歌”，“他看到了他心爱的贵族们灭亡的必然性”。巴尔扎克虽然离开了我们，他的作品却依然享誉全世界。

雨果
YUGUO

丑就在美的旁边，畸形靠近着优美，粗俗藏在崇高的背后，恶与善并存，黑暗与光明相共。

——雨果

姓　　名：维克多·雨果

生 卒 年：1802 年~1885 年

出 生 地：法国贝尚松城

突出成就：19 世纪浪漫主义文学运动领袖，被人们称为“法兰西的莎士比亚”。代表作《巴黎圣母院》《悲惨世界》。

雨果于 1802 年 2 月 26 日出生在法国贝尚松城的一个军官家庭。他自幼受母亲影响较大，天资聪颖，爱好文学，阅读了大量名著，特别迷恋诗歌。15 岁时写的《读书乐》，受到法兰西学士院的奖励。17 岁时，他已成为一家杂志社的重要撰稿人。20 岁时，他的诗集《颂歌与杂诗》出版，获得了路易十八的赏识，并亲自赞助雨果每年 1 000 法郎的年金。

1824 年，雨果的处女作小说集《汉·伊斯兰特》获得了小说家诺蒂埃的赞赏，与诺蒂埃的结缘，使雨果开始转向浪漫主义并逐渐成为浪漫派的首领。1827 年雨果为自己的剧本《克伦威尔》写了长篇序言，被视为浪漫派文艺宣言。他在序言中提出了坚持不要公式化而要具体地表现情节的文学主张，还特别宣扬了真善美与假恶丑对照的原则。1830 年，雨果的浪漫戏剧代表作《欧那尼》公开上演，首次演出便获得了成功。1832 年，雨果的长篇名著《巴黎圣母院》出版，这部作品具备了浪漫主义的各种要素，结构曲折离奇，情节富有戏剧性，将人生百态刻画得淋漓尽致，为雨果赢得了著名小说家的声誉。

可也正是这部小说，给雨果招来了流放的厄运，他开始了长达19年的流亡生活。在流亡期间，雨果完成了《时代的神话》以及《悲惨世界》。《悲惨世界》是最能代表雨果的思想艺术风格的作品，小说还没有出版，就已经被译成了9国文字，震动了欧洲和美国。雨果的文风雄健，富有强烈的人道主义思想和渊博知识。他的流亡经历，使他更加读懂了生活，也促成了这部伟大著作《悲惨世界》的问世。他为后人留下了数量丰富的文学珍品，除了小说《巴黎圣母院》《悲惨世界》《九三年》以及歌剧《欧那尼》外，还有诗歌《秋叶》《静观》《光与影》《街头丛林之歌》等。

1881年2月26日，60万巴黎人在雨果的窗前游行，庆贺他的80寿辰。他在1883年的遗嘱里宣布给穷人5万法郎，并希望用穷人的送葬马车把他的灵柩送到墓地。1885年5月22日雨果去世，法国政府和人民为他举行了隆重的国葬，来自法国和世界各地的200万人为他送葬，这位文学巨匠离开了世人，永远地放下了笔，休息了。

安徒生

ANTUSHENG

人生就是一个童话。我的人生也是一个童话。这个童话充满了流浪的艰辛和执着追求的曲折。我的一生居无定所、我的心灵漂泊无依、童话是我流浪一生的阿拉丁神灯！

——安徒生

姓　名：汉斯·克里斯蒂安·安徒生

生 卒 年：1805 年~1875 年

出 生 地：丹麦欧登塞城

突出成就：现代童话之父，世界童话创始人，著作有《丑小鸭》《海的女儿》《夜莺》等。

安徒生于 1805 年 4 月 2 日出生在丹麦欧登塞城的一个贫苦鞋匠家庭。安徒生的父亲喜爱文学，卧室的书架上摆满了书。为了孩子有好前途，父亲常给安徒生讲《一千零一夜》，念莎士比亚的剧本，这在他幼小的心灵里产生了巨大影响。受父亲和民间口头文学的影响，他自幼酷爱文学。安徒生早年在慈善学校读过书，当过学徒工，11 岁时，父亲病逝，母亲为生活所迫改嫁。继父是一个冷酷无情的人，不太喜欢他，安徒生感到痛苦和孤独，觉得只有艺术才能带给他安慰。因此他离开了家庭，在 14 岁那年只身来到首都哥本哈根去当歌剧演员。到哥本哈根后，安徒生举目无亲，几乎处处碰壁，他以给人表演为生，几乎摁遍了所有达官贵人家的门铃。在此期间，他做过木匠，打过短工，靠微薄的收入维持生计。终于，幸运降临了，在离开家 8 年后，他在诗剧《阿尔芙索尔》的剧作中展露才华，被皇家艺术剧院送进斯拉格尔塞文法学校和赫尔辛基学校免费就读。1828 年，安徒生进入哥本哈根大学。毕业后始终找不到工作，主要靠稿费维持生活。1838 年获得作家奖金——

国家每年发给他200元非公职津贴。

安徒生的文学生涯始于1822年，早期主要撰写诗歌和剧本，但这些作品并不很成功。直到1833年，在出版了长篇小说《即兴诗人》后，安徒生才为自己赢得了声誉。同年，他开始写童话，出版了《讲给孩子们听的故事》，立刻受到了孩子们的广泛欢迎，人们争相阅读安徒生的童话故事，并渴望他发表新的作品，从此童话成为了安徒生的主要创作形式。他一生共计写了168篇童话。

安徒生的童话具有诗意的美和喜剧性的幽默。前者为主导风格，多体现在歌颂性的童话中，后者多体现在讽刺性的童话中。他的童话并不仅仅是一些新奇有趣的故事，更多的是反映现实生活中的人与事。安徒生的创作可分早、中、晚三个时期。早期童话多充满绮丽的幻想、乐观的精神，体现了现实主义和浪漫主义相结合的特点。代表作有《打火匣》《小意达的花儿》《拇指姑娘》《海的女儿》《野天鹅》《丑小鸭》等。中期童话中幻想的成分减弱，现实成分相对增强，在鞭挞丑恶、歌颂善良时，表现了对美好生活的执着追求。代表作有《卖火柴的小女孩》《白雪公主》《影子》《一滴水》《母亲的故事》《演木偶戏的人》等。晚期童话比中期更能面对现实，着力描写底层民众的悲苦命运，揭露社会生活的阴冷、黑暗和人间的不平，作品基调低沉。代表作有《柳树下的梦》《她是一个废物》《单身汉的睡帽》《幸运的贝儿》等。

创作上的成功使安徒生不仅成了孩子们的朋友，也成了欧洲各国君王们的座上客。他写的每一个童话，一经出版均受到世界各国儿童的喜爱。而他的一生本身就是一个美丽的童话。他一生未婚，把自己的全部才华献给了孩子们。安徒生于1875年8月4日辞世，享年70岁。

狄更斯

DIGENGSI

不要把今天可以做的事情留到明天去做。延宕是偷光阴的贼。

——狄更斯

姓　　名：查尔斯·狄更斯

生 卒 年：1812 年~1870 年

出 生 地：英国朴次茅斯市郊

突出成就：英国 19 世纪伟大的批判现实主义作家，代表作品《双城记》《雾都孤儿》。

狄更斯出生于海军小职员家庭。他 10 岁时全家被迫迁入负债者监狱，11 岁就承担起繁重的家务劳动。他曾在皮鞋作坊当学徒，16 岁时在律师事务所当速记员，后担任报社采访记者。他只上过几年学，全靠刻苦自学和艰辛创作成为知名作家。

狄更斯曾多次在国外旅行和居住，其中对他影响较大的有两次。1842 年他第一次去美国，是想就近观察那个共和国制度的大胆实验是否真给人民带来了自由和平等。他在美国看到许多新气象，感到欣慰，却也发现了不少问题。他看到了蓄奴制度，甚至看到了以蓄奴制为荣的美国人。他在回国后出版的《美国手记》里衷心地赞扬了美国的长处，表达了他对自由和和平的渴望及追求。这表现了他对共和制度的维护。1846 年，他到巴黎居住，对那时的法兰西非常赞赏，用充满激情的言语来赞扬他所见到的一切。

关于狄更斯，流传着许多动人的故事，其中有个故事这样写道：有一天，在伦敦郊外的一条小河边，一个人正在钓鱼，自称“看守鱼塘”的人走过来问道：“您在钓鱼吗？”

那个钓鱼者回答说：“是啊！半天没见一条鱼。昨天，就在这个地方，我钓到了15条。”

“看守鱼塘”的人听了立即说：“你可知道，此地禁止钓鱼！我是专门负责看守的。”说着就要罚款。那个钓鱼人不慌不忙地说：“您知道我是谁吗？我就是作家狄更斯，因此您不能罚我的款，刚才我说的是虚构的故事，而虚构故事正是作家的事业。”

狄更斯一生共创作了14部长篇小说，还有许多中、短篇小说和杂文、游记、戏剧、小品。其中最著名的作品是他描写劳资矛盾的长篇代表作《艰难时代》和描写1789年法国革命的另一篇代表作《双城记》。此外他还有许多作品流传后世，其他作品有《奥列佛·特维斯特》（又译《雾都孤儿》）《老古玩店》《董贝父子》《大卫·科波菲尔》和《远大前程》等等。

1870年6月9日，狄更斯逝世。

狄更斯故居

易卜生

YIBUSHENG

真理的精神和自由的精神才是社会的支柱。

——易卜生

姓　　名： 亨利克·易卜生

生 卒 年： 1828年~1906年

出 生 地： 挪威台黑马克州斯基恩城

突出成就： 现代现实主义戏剧的创始人，《玩偶之家》《人民公敌》等剧本成为世界各国戏剧舞台上的经典作品。

1828年3月20日，亨利克·易卜生出生于挪威小城斯基恩的一个富裕木材商人家庭。

父亲财运亨通，远近闻名，母亲恬静温柔。幼年的易卜生生活优裕，无忧无虑。可是好景不长，易卜生8岁那年，他的父亲破产了，从此家道中落，过起了平民生活。世态的炎凉深深刺痛了易卜生幼小的心灵，这对他后来的创作也产生了深远影响。

年幼的易卜生喜欢读书与绘画，很想长大后成为文学家。易卜生曾在一所小学读书，由于家境窘迫而辍学。

为了补贴家用，16岁的易卜生不得不出外谋生，来到离家七十多公里的格利姆斯达镇的一家药店当了学徒，饱尝生活的辛酸。

黑暗的现实，清苦枯燥的生活磨炼着易卜生的意志，也进一步激发了他强烈的求知欲。他在琐碎繁重的工作当中，常常偷空通宵达旦地读书，探求真理，对拜伦、歌德和莎士比亚的作品，产生了浓厚的兴趣。

工作之余，易卜生开始尝试着写诗。最初写一些政治诗，来表达自己反对强权、暴力，拥护自由、正义的观点。语句铿锵有力、热情激昂。

1848年革命很快席卷整个欧洲，他一改往日少言寡语的性格，邀请朋友们喝酒庆祝，兴高采烈地参加集会，慷慨激昂地发表演说，大胆地斥责专制制度，热情地赞扬资产阶级民主政治。

在革命风潮的激励下，易卜生的创作灵感大发，他写了三幕历史悲剧《凯特莱恩》，表现出强烈的反抗精神，受到好评。

1850年，22岁的易卜生来到首都奥斯陆，在朋友的帮助下，他被聘为学生刊物的编辑。在这里易卜生结识了一批有识之士，他在思想和艺术修养方面也得到很多收获。此后几年，易卜生当上了卑尔根剧院的戏剧顾问，后来他被聘为“挪威剧院”的经理。

当时的挪威在政治、经济尤其是文化上，一直受丹麦的支配。挪威没有自己独立的文学，这对一个民族来说无疑是一种耻辱。严酷的社会现实使易卜生决心努力奋斗，为复兴挪威民族文艺贡献自己的力量。他一连创作了《勇士的坟》《圣约翰之夜》《厄斯特罗特的英格夫人》《奈尔豪格的宴会》等5部剧作，深受观众的欢迎。

1862年，他的讽刺剧《爱的喜剧》遭到舆论的大肆围攻。自此，不再有人敢上演或刊登易卜生的作品，连由他主持的剧院也倒闭了。1864年，普奥联军入侵丹麦，易卜生撰文呼吁挪威出兵，因不满挪威政府的袖手旁观，满腔忧愤的易卜生，再也不愿在挪威住下去。同年他来到意大利的罗马，开始了27年的侨居生涯。

1866年，他的剧本《布朗德》发表，震动了整个斯堪的纳维亚半岛，为易卜生赢得了欧洲文坛上的声誉，也使他摆脱了经济上的困境。

这一时期，易卜生的创作达到了顶峰。他先后写出了《培尔·金特》《社会支柱》《玩偶之家》《群鬼》《人民公敌》等剧本，其中的《玩偶之家》的发表，更是使易卜生的声名远扬，成为世界上著名的戏剧家之一。剧本的女主人公娜拉是位美丽活泼的女子，从小父亲就把她当作一个好玩的玩具。结婚之后，丈夫海尔茂又把娜拉当作自己的私有财产，不愿她有自己的思想和独立的人格。娜拉天真幼稚，对生活抱有不切实际的幻想，但她是一个热爱生活、热爱家庭，有勇气作出自我牺牲的人。她在一系列的事实面前，终于看透了丈夫极端利己主义的卑鄙灵魂，认识到所谓的社会道德和法律都是虚伪的，而自己在家庭中不过是丈夫的一个玩偶而已。为了摆脱附庸的地位，争取到平等独立，经过

激烈的思想斗争，她终于决定离开这个“玩偶之家”。这个剧本对资产阶级“正人君子”的揭露入木三分，同时严肃批评了资产阶级把女性当作玩物的腐朽作风，高度赞扬了敢与整个社会对抗，敢于追求个人独立和自由的新女性。剧本也给长期遭受压迫的妇女以极大的鼓舞。剧本一上演，社会上便出现了两种截然不同的反响：热烈的赞许和激烈的反对，几乎每个人都把“娜拉”带在口头，各抒己见，争论不休。关于“娜拉”出走之后怎么办的问题，易卜生在世界文学史上留下了“一个伟大的问号”，这个“问号”至今还促使人们去深深思考。

1884 年以后易卜生所写的剧本，过分着重内心活动的描写和精神生活的分析，现实主义成分减少了。1891 年，易卜生回到祖国，继续写作，但他的身体渐渐不适，常与病魔做伴。1906 年 5 月 26 日易卜生逝世，享年 78 岁。他的创作为挪威民族文学的独立立下了不朽功勋，也为他本人赢得了世界性的声誉，被称为“现代戏剧之父”。

托尔斯泰

TUOERSITAI

快乐是在寻找真理，而不在发现真理。

——托尔斯泰

姓　　名：列夫·尼古拉耶维奇·托尔斯泰

生 卒 年：1828 年~1910 年

出 生 地：俄国图拉省

突出成就：代表作有长篇小说《战争与和平》《安娜·卡列尼娜》《复活》以及自传体小说三部曲《童年》《在人间》《我的大学》等。

列夫·托尔斯泰是 19 世纪俄国最伟大的作家。他于 1828 年 9 月 9 日（俄历 8 月 28 日）出生在图拉省的一个伯爵家庭。托尔斯泰幼年活泼顽皮而又敏感、富于幻想，童年时期充满欢乐。但不幸的是父母过早去世，在父母死后，其兄妹由姑姑抚养成人。苦难的生活对他产生了巨大的影响。1844 年他进入喀山大学，受到卢梭、孟德斯鸠等启蒙思想家的影响，1847 年退学回故乡，开始了系统的自学，并在自己领地上作改革农奴制的尝试。1851~1854 年，他在高加索军队中服役并开始创作；1854~1855 年，参加了克里米亚战争。几年军旅生活不仅使他看到上流社会的腐败，也为以后在其巨著《战争与和平》中能够逼真地描绘战争场面打下了基础。1855 年 11 月，他回到彼得堡进入文学界，成为文坛新秀，受到了屠格涅夫等人的器重。其成名作——自传体小说《童年》《少年》和《青年》，集中体现了他对贵族生活的批判态度、“道德自我修养”的主张和擅长心理分析的特色。从中篇小说《一个地主的早晨》之中，可以看到他站在自由主义贵族立场，主张自上而下改革，然而在自己庄园试验失败的过程，同时也体现了他心灵探索的历程和思想的进一步发展。

1857年托尔斯泰出国，根据这次游历的见闻，他创作了优秀的短篇名作《琉森》，后来又创作了探讨生与死、痛苦与幸福等问题的《三死》《家庭幸福》。1859年，他创办学校，招收农民子弟入学。

1860~1861年，为考察欧洲教育，托尔斯泰再度出国，结识了赫尔岑，听了狄更斯的演讲，会见了普鲁东，回国后，创办《雅斯纳雅·波良纳》教育杂志。他认为俄国应在小农经济基础上建立自己的理想社会；农民是最高道德理想的化身，贵族应走向“平民化”。1863年，他停止办学和发行杂志，埋头创作，发表了中篇小说《哥萨克》。

1863~1869年，托尔斯泰创作了长篇历史小说《战争与和平》，这是其创作历程中的第一个里程碑。小说以四大家族为主线，展现了当时俄国从城市到乡村的广阔社会生活画面，反映了1805~1820年之间发生的一系列重大历史事件，特别是1805~1807年进行的申格拉本战役和奥斯特里齐战役以及1812年进行的卫国战争，歌颂了俄国人民的爱国热忱和英勇斗争精神，主要探讨了俄国的前途和命运，特别是贵族的地位和出路问题。小说结构宏大，人物众多，典型形象鲜活饱满，是一部具有史诗特色的鸿篇巨制，这部小说为他赢得了世界文豪的声誉。

1873~1877年，他完成其第二部里程碑式巨著《安娜·卡列尼娜》，以乡村生活为背景，反映农奴制改革后的社会关系，小说艺术炉火纯青。

19世纪70年代末，托尔斯泰的世界观发生巨变，写成了《忏悔录》。19世纪80年代他创作了剧本《黑暗的势力》《教育的果实》，中篇小说《魔鬼》《伊凡·伊里奇之死》《克莱采奏鸣曲》《哈泽·穆拉特》，短篇小说《舞会之后》。特别是1889~1899年创作的长篇小说《复活》，是他长期思想、艺术探索的总结，通过对主人公卡秋莎和聂赫留朵夫爱情经历的描写，深刻揭示了专制和压迫的社会制度，从而成为对俄国社会批判最全面、深刻、有力的一部著作，成为世界文学不朽名著之一。

托尔斯泰晚年力求过简朴的平民生活，但精神却始终处在极端苦闷之中。1910 年 10 月托尔斯泰从家中出走，11 月 20 日病逝于一个小站，享年 82 岁。

马克·吐温

MAKE TUWEN

马克·吐温，近代幽默文学的泰斗！代表美国文学的世界一流作家！他是怀有赤子之心的顽童，亦是仗义执剑的骑士！

姓　　名：马克·吐温

生 卒 年：1835 年~1910 年

出 生 地：美国密苏里州佛罗里达镇

突出成就：其作品以方言和民间口语写活生生的现实，开辟了新的现实主义道路。代表作《汤姆·索亚历险记》。

马克·吐温是 19 世纪后期美国一位现实主义文学的杰出作家，他以幽默、讽刺的手法，为人们描绘了一幅幅美国社会生活画。

马克·吐温于 1835 年 11 月 30 日出生在美国密苏里州的佛罗里达镇，父亲是个为人正直谦虚的乡村律师和店主，母亲乐观豁达，待人慈善。马克·吐温 4 岁时被送进学校学习，由于聪明好学，学习成绩一直很好。但他对枯燥的学校生活渐渐产生了反感，经常逃学去游泳或滑冰，有几次因游泳差点丧命。12 岁时，父亲去世，一家人的生活陷入困境。退学后的马克·吐温开始了独立的劳动生活，先后当过印刷厂学徒，送报员、排字工、领航员。“马克·吐温”是水手术语，意为水深 12 英尺，船可以安全通过。14 岁时他在街上捡到的印有约翰生平的纸片，使马克·吐温对名人传记产生了极大的兴趣，这张小纸片从此改变了他的命运。此后他在繁重紧张的工作间隙抽出时间学习知识，并进行创作。1862 年，他被聘为《事业报》记者，1864 年在《晨报》当记者，从此走上文学创作之路。在他创作的众多优秀小说之中，《哈克贝利·费恩历险记》独具特色。海明威曾说过："一切现代美国文学来自一本书，那就是马克·吐温的《哈克贝利·费恩历险记》。"他认为，这是美国所有的书中最好的。

《哈克贝利·费恩历险记》是世界上最受欢迎的名著之一，而文中的主人公哈克贝利·费恩已经成为美国民族性格的象征。

作品以白人少年哈克和黑人奴隶吉姆结伴出逃寻找自由为线索，记叙了他们历险的全过程，尽情描写了密西西比如诗如画的美景，酣畅淋漓地展现了沿岸广大地区的风土人情和社会风貌，精心刻画了哈克和吉姆这两个鲜活生动的人物形象。活泼好动的哈克不喜欢呆板的教育方式和粗俗沉闷的小镇生活，一心想挣脱束缚，去山林荒岛过自由的生活。他对黑奴吉姆的不幸遭遇深感同情，一路上凭自己的机智聪慧和勇敢无畏，克服重重困难，让吉姆重获自由。

作品的中心主题是反对种族歧视和压迫。从黑奴吉姆身上体现出来的善良、忠诚和富于人性，以及他同白人少年哈克的深厚情谊，表明黑人同白人一样高贵、仁义。吉姆最终获得自由显示出作者对借助资产阶级的仁慈解放黑奴的前景充满信心。《哈克贝利·费恩历险记》以儿童第一人称的立场记人叙事，真实亲切，情节曲折，笔调幽默，妙趣横生。

马克·吐温这位从美国民间幽默的土壤上崛起的作家，以他一贯幽默而不乏讽刺的笔法，创作了从《卡拉维拉斯县有名的跳蛙》《傻子国

马克·吐温故居

外旅行记》《汤姆·索亚历险记》《哈克贝利·费恩历险记》和《傻瓜威尔逊》《百万英镑》等一系列脍炙人口的作品，写尽了美国一个时代的民间风情和世俗百态，活现了“美国民族之魂”。马克·吐温也因此被誉为“美国文学史上的林肯”。1907 年以后马克·吐温开始撰写自传，于 1910 年 4 月 21 日病逝，享年 75 岁。

高尔基
GAOERJI

作为一种感人的力量，语言的真正的美，产生于言辞的准确、明晰和动听，这些言辞描绘出作品中的图景、人物性格和思想。

——高尔基

姓　　名：马克西姆·高尔基
生 卒 年：1868 年~1936 年
出 生 地：俄国诺夫哥罗德
突出成就：“无产阶级文学最杰出的代表”，作品有《海燕之歌》，自传体三部曲《童年》《在人间》《我的大学》等。

高尔基原名阿列克塞·马克西莫维奇·彼什科夫，1868 年 3 月 16 日出生于俄国伏尔加河畔的尼日尼·诺夫哥罗德（今高尔基市），幼年父母早丧，被寄养在外祖母家。后来，外祖父破产，10 岁的他被生活所迫过早地步入了社会，他当过跑堂、搬运工、守夜人、面包师，还曾经做过流浪汉，尝尽了人间的辛苦。虽只上过 2 年小学，但他自幼酷爱读书，靠自学成才。社会底层的生活和丰富的阅历使他对俄国社会有了深刻的认识，也为他日后的创作提供了丰富的素材。

1892 年，高尔基用笔名发表了第一篇短篇小说《马卡尔·楚德拉》。1895 年 2 月，他成为《萨马拉报》专栏作家。1896 年，成为《下诺夫哥罗德报》的编辑。在高尔基早期的作品中塑造了很多流浪汉形象，他们的生活具有浓厚的浪漫主义色彩。他在 1901 年发表的诗歌作品《海燕》中，把海燕比喻为俄国无产阶级革命者的化身和胜利的预言家。从那以后，高尔基便投身于革命斗争的洪流中，并数次被捕。1902 年，他写的抨击沙皇专制制度的话剧《在底层》大获成功，该剧充分体现了高尔基在戏剧创作上的艺术风格。1903年，保皇分子将他刺伤，引起全社会尤其是舆论界的公愤。1905年俄国革命时，他参加了布尔什维克党报的出版工作，并加入了党组织。莫斯科起义失败后，他到欧美宣传革命，筹集经费。

1906年，高尔基来到美国，在那里完成了他最著名的长篇小说《母亲》的创作。小说通过对工人革命者巴维尔母子的英雄形象的刻画，成功地描绘了俄国工人阶级从接触马克思主义理论到参加实际斗争中逐渐成长的过程，以及在无产阶级政党领导下工人运动的发展历程。《母亲》被认为是第一部反映社会主义现实主义的作品。以后，他还到过法国、英国、意大利等国。在旅居意大利期间，他受到造神论的影响，写出了《忏悔》，受到列宁的严肃批评。高尔基早在1905年时就和列宁有了第一次会面，这时列宁更加关注他的思想发展，不断给予他热情的帮助。1913年，沙皇政府大赦政治犯，高尔基返回俄国，随后完成了自传三部曲的前两部《童年》和《在人间》。十月革命后，高尔基和布尔什维克党发生了分歧，但1918年8月列宁的被刺使他幡然醒悟，及时改正了自己的错误。1923年，高尔基完成了自传三部曲的最后一部《我的大学》的创作。1925年，他又写了长篇小说《阿尔达莫诺夫家的事业》和他的最后一部长篇小说《克里姆·萨姆金的一生》。

除了文学创作外，高尔基还积极参加各种社会活动，担任过《红色处女地》杂志的编辑，组建了世界文学出版社，还积极倡导和组织撰写国内战争史和工厂史。在他的关怀下，培养出了整整一代苏联作家。1934年，他主持了苏联第一次作家代表大会，并当选为苏联作家协会主席。1936年6月18日，高尔基病逝，享年68岁。

海明威

HAIMINGWEI

一切优秀的书籍，都具有一个共同点：当你读完它时，会感到书中描述的一切，你已亲身体验过，因而它将永远铭记在你的心中……

——海明威

姓　　名： 厄内斯特·海明威

生 卒 年： 1899 年~1961 年

出 生 地： 美国芝加哥市橡树园镇

突出成就： 代表作有《太阳照样升起》《永别了，武器》、《丧钟为谁而鸣》（一译《战地钟声》）、《老人与海》等，获 1954 年诺贝尔文学奖。

海明威，美国著名“硬汉”作家，被誉为“现代小说之父”。1899 年 7 月 21 日生于美国伊利诺伊州芝加哥郊外的橡树园小镇。父亲是医生，喜欢打猎和钓鱼，母亲爱好艺术。受家庭的教育和熏陶，海明威也喜好打猎、艺术和旅行。他从小就十分好学，尤其酷爱读书，因为没钱买，他便编造各种悲惨的身世和经历，博得好心的书店老板的同情和信任，把书借给他。这种文学知识的积累为他以后的创作奠定了良好的基础。

海明威上学时也很爱好拳击，初练时常被打得流鼻血，但他从不放弃，第二天再来，这也是他性格特征中最突出的一个方面。

海明威中学毕业后在一家报社当记者。第一次世界大战期间他赴意大利参加救护工作，在前线负伤。1919 年回国以后开始了他的写作生涯。海明威的初期作品有《三个短篇和十首诗》《在我们的时代里》等，虽然销路不佳，但却以其独特的风格引起评论界的重视。

1926年，海明威的重要长篇小说《太阳照样升起》出版。由于小说写出了青年一代的失望情绪，被称为“迷惘的一代”的代表作。1929年9月，海明威的著名长篇小说《永别了，武器》问世。在书中他把人比作“着了火的木头上的蚂蚁”，以此来说明人在战争中的无能为力。1932年他发表小说《舞后之死》，1936年又发表了小说《乞力马扎罗的雪》。1937年，海明威以战地记者的身份赴西班牙报道反法西斯战争。不久，他写出惊世之作，题为《丧钟为谁而鸣》的长篇小说。1952年他的中篇小说《老人与海》问世，小说以呼唤人们勇敢地面对失败为主题思想，引起国际社会的强烈反响，被公认为是他最伟大的作品，获得了1953年度美国普利策文学奖。1954年瑞典文学院因海明威“精通现代叙事艺术”而授予他诺贝尔文学奖。

海明威在近40年的创作中形成了独特的思想和艺术风格，他的长篇小说《永别了，武器》和《战地钟声》，成为世界文学宝库中的经典之作。他的作品文字简洁凝练，以“电报式”的风格著称于世。他是开了一代新风的语言大师。

海明威成长的时代，正是资本主义日趋没落的年代。这种时代的特点，使海明威的思想处于一种复杂而又矛盾的状态。他既看见了资本主义世界的解体和所谓西方文明的堕落，但又不能从自己狭窄的视野中找到出路，因此感到前方一片迷茫。困惑中的海明威于1961年7月2日用猎枪结束了自己的生命，享年62岁。

艺术家

虽无丝竹管弦之盛，一觞一咏，亦足以畅叙幽情。是日也，天朗气清，惠风和畅，仰观宇宙之大，俯察品类之盛，所以游目骋怀，足以极视听之娱，信可乐也。

——王羲之

王羲之

WANG XIZHI

虽无丝竹管弦之盛，一觞一咏，亦足以畅叙幽情。是日也，天朗气清，惠风和畅，仰观宇宙之大，俯察品类之盛，所以游目骋怀，足以极视听之娱，信可乐也。

——王羲之

字　　号：字逸少

生 卒 年：公元 303 年 ~ 公元 361 年

出 生 地：琅　临沂（今属山东）

突出成就：其书法平和自然，笔势委婉含蓄，遒美健秀，被后人誉为“书圣”。代表作《兰亭集序》被誉为“天下第一行书”。

王羲之是东晋有名的大书法家，人称“书圣”。303 年王羲之出生于琅玡临沂的一个大族家庭，自幼酷爱读书，尤其对书法有着浓厚的兴趣。7 岁时王羲之跟著名书法家卫夫人习字。他集中精力，刻苦练习，日见长进，不到 3 年，功夫已经相当精湛。

王羲之少年时代，笔锋初露便震惊了方圆百里的书法名家。从那以后，他精心钻研书法，独创了自己秀美的字体，被世人誉为“书圣”。

公元 353 年 3 月 3 日，王羲之和名士谢安、孙绰等 41 人宴会于会稽山的兰亭，大家赋诗抒发胸中的感慨，后来结集成册。王羲之为这本书写了序，记述了当时宴会的盛况，并且即事抒情，对人生聚聚散散、年寿不永发出感叹。这就是著名的《兰亭集序》。它不仅是书法史上的名篇，也是脍炙人口的优美散文，唐太宗李世民极为喜爱王羲之的作品，曾探访《兰亭集序》真迹多年，最终从后人手中得到。唐太宗驾崩后，《兰亭集序》真迹就随之葬入昭陵。

王羲之一直想让他的儿孙能在书法上有所成就，他的 7 个儿子在他的鞭策下都勤于书法，其中最有成就的是王献之，与其父亲并称为“二王”。

公元 361 年，王羲之病逝，享年 59 岁。

王羲之的故居

吴道子

WU DAOZI

苏轼谓："画至吴道子，古今之变，天下之能事毕矣。"吴"画塑兼工"，被奉为百代"画圣"，民间画工尊其为"祖师"。

字　　号： 道玄

生 卒 年： 约公元686年～约公元758年

出 生 地： 阳翟（今河南禹州）

突出成就： 擅画佛道人物，画塑兼工，千百年来被奉为"画圣"。

盛唐时期，经济繁荣，社会安定，人民生活富足，文化发达，许多流派自成一格，文人学士多如潮涌，就是在这样的时期，绘画风格独树一帜的吴道子脱颖而出，在社会上轰动一时。吴道子的生卒年代无确切记载，他是阳翟人，自幼父母早丧，生活贫寒，曾去洛阳追随张旭等人学书法，后改学画，不到20岁就显露出了才华。

吴道子后来做过县尉幕僚等官职。他的绘画名声被唐玄宗所知，被召入宫廷授予官职，同时禁止私自画画；后来任职为"宁王友"。吴道子还有一个爱好就是饮酒，喜欢一边饮酒一边画画，一些佛寺道庵为了求得吴道子的真迹，就在门口摆上美酒，请求吴道子为他们画画，并以酒作为酬谢，吴道子都会欣然应允。

吴道子是我国古代绘画史上罕见的多产画家，他一生曾经创作了三百余幅壁画，每幅画都各有特色，他以丰富离奇的艺术想象，生动的艺术形象，独特的艺术风格，感染着众多的观赏者。大诗人杜甫也曾写诗赞美他的《五圣图》。吴道子对绘画有着巨大的创作热情和旺盛的创作精力，在艺术上的大胆想象和对题材的独特处理，令人叹为观止。他继东汉末、魏晋南北朝、隋唐的画家之后，吸收外来的画风，形成了独特的中国式的风格。

吴道子的宗教壁画，气势宏伟、感情奔放，人物形象充满了生机活力。他的绘画由张僧繇的技法发展而来，但在描绘现实生活方面，则超过了张僧繇。吴道子的作品曲折地反映了盛唐社会的繁荣富庶。

吴道子的山水画成就很高。他的山水画是一种笔简意远的疏体，近乎粗放的逸写。这样的画风，与当时流行的工整巧密的山水画相比，显然是一种风格迥异的新创造。所以唐朝张彦远在《历代名画记》中说，山水画之变革，正是始于吴道子。

吴道子在风格技巧上有突出的创造。他不但发展了张僧繇简洁的笔墨技巧，而且运用线描的技巧也达到了新的水平。在中年以后笔墨更加遒劲奔放，所创变化丰富的“莼菜条”，能表现物象“高侧深斜，卷褶飘带之势”，取得“天衣飞扬，满壁风动”的效果，这就是著名的“吴带当风”。

他适当地压缩了色彩的比例，强调了笔墨线条的特殊功能。以浓墨勾线，淡彩敷色，突破了南北朝以来描施重彩的雅致风格，而代之以雄浑奔放、墨彩兼备的新画风“白画”，是后世白描的先驱。

他的传世之作《释迦降生图》（又名《送子天王图》），现藏于日本大阪美术馆，是宋人摹本，画的是释迦牟尼降生时，惊动天地鬼神的情形。人物的表情生动传神，个性鲜明，采用白描淡彩的画法，线条劲健多变，富有节奏感和运动感，衣带飘举。

吴道子以他高超的艺术技巧和丰富的艺术形式获得了“百代画圣”的称誉。历代的民间画工一直奉他为祖师。他的画风对中古以后的人物画有着巨大而深远的影响。

因此，无论在东方还是西方绘画界，吴道子都被推崇为一代宗师。他的绘画代表着中国古代艺术的巨大成就，也是人类绘画史上的一个重要的里程碑。

齐白石
QI BAISHI

为万虫写照，为百鸟张神，要自己画出自己的面目。

——齐白石

字　　号：字渭清，号白石
生 卒 年：1864年~1957年
出 生 地：湖南湘潭
突出成就：将画、印、诗、书熔为一炉，把中国传统艺术水平提升到一个新的高度。

齐白石1864年11月出生于湖南湘潭白石铺乡的一个农民之家。16岁，齐白石开始师从刻花木匠，希望能掌握一门手艺以便谋生。渐渐他对雕刻产生了极大的兴趣，经常描画钻研到深夜。20岁那年，他在做活时意外地发现了一套康熙年间刻印的《芥子园画谱》，立刻爱不释手，齐白石如饥似渴地用了半年时间全部临摹下来，并且反复临摹积累了上千张手稿。在这一时期，没有名师指点，一切都是他自己独立完成的，这些经历为他以后的创作奠定了坚实的基础。

1889年的一次偶然的机会，齐白石认识了颇有才学的私塾先生胡沁园和陈少蕃。在他们的指导启发下，齐白石开始了他的读书绘画的艺术生涯。经过几年勤奋努力，齐白石不仅在绘画技艺上有了很大的提高，并在传统绘画基础之上创造了一些新技法，创作了大量富有诗情画意的作品。三十多岁时，齐白石把书画功夫相结合，开始苦练治印。他拜著名治印家黎松安、黎铁安为师，结合雕花手法，加上他的领悟和巧手，刻印技艺渐渐自成一家。

1902年，年近40的齐白石开始游历大江南北、名山大川，了解当地的风土人情，创作了为数众多的速写作品，同时结识拜访了许多有真才实学的画界名人，鉴赏临摹了许多秘籍、名画、书法、碑拓等艺术品。这些大大开阔了他的胸怀，也提高了他的审美能力和鉴赏能力，使他渐渐步入文人画师行列。

1909年暮秋，齐白石回到故乡，购置了一所房子，取名“寄萍堂”，在这里，齐白石总结了多年游历的心得，细细钻研揣摩，有所体味就泼墨成画。他每天除坚持作画外，还用功苦读诗词，从各方面增强自己的修养。通过10年的刻苦磨砺，齐白石终于形成了朴实、自然的他所独有的创作风格。

1919年初春，齐白石为避战乱定居北平。刚刚到北平时，因自己的画无人问津，齐白石只能靠治印维生，生活极为贫困。但他没有气馁，还在不断地观摩学习名家之画，从中吸取营养，特别是黄宾虹的画，对他启发很大。后来他创造了中国画工笔草虫和现实写意花卉相结合的特殊风格，他的作品终于得到了陈师曾等人的欣赏。齐白石在他们的提携下，一下名声大噪。1927年初春，齐白石被国立北平艺术专科学校聘请为教授。他把自己几十年的绘画创作经验毫无保留地传授给学生，著名画家王雪涛、李苦禅、李可染等，都是他的得意门生。齐白石大器晚成，在他成名之后的十多年中创作出了万幅以上的作品。

60岁以后，齐白石的画风遽变，重视创新，融合了传统写意画和民间绘画的表现手法，形成了独特的艺术风格。他尤其擅长画花鸟虫鱼，笔墨纵横雄健，造型质朴，色彩鲜明。他一生画虾，不断追求艺术妙境，到晚年才真正达到了炉火纯青的地步。对画技他曾说过一句话“妙在似与不似之间”，成为当时传诵的名言。

1937年，日军侵占北平。北平沦陷之后，齐白石愤然辞去了教职，从此紧闭大门，这些充分表现了这位艺术老人的民族气节。直到1945年日本投降，他才公开露面，1946年初他重新开始了他的卖画生涯。

80岁前后，齐白石治印的篆法、章法、刀法都表现出了鲜明的特色，被誉为“印坛泰斗”。他的画作造型简括，神态生动，笔力雄健，墨色强烈，书与印苍劲豪迈，刀笔泼辣，神奇趣逸。他将画、印、诗、书熔为一炉，把中国传统艺术水平提升到一个新的高度。

新中国成立后，齐白石曾任中国美术协会主席，被誉为“人民艺术家”。

1957 年 9 月 16 日，齐白石逝世于北京，享年 94 岁。1963 年，他被选为世界十大文化名人。

张大千
ZHANG DAQIAN

画风从“清新俊逸”到“瑰丽雄奇”，终达“苍深渊穆”之境，气质淳化，笔简墨淡，其独创泼墨山水，奇伟瑰丽，与天地融合。

字　　号：原名正权，后名季爰，号大千居士

生 卒 年：1899 年~1983 年

出 生 地：四川内江县

突出成就：20 世纪中国画坛最具传奇色彩的国画大师，绘画、书法、篆刻、诗词无所不通。

张大千原名张正权，1899 年生于四川内江县，是我国著名的国画大师。徐悲鸿称赞他为“五百年来第一人”。

张大千早年曾学习清初四僧，寄居成都期间，学习沈固、唐伯虎等大家的作品，画风深受其影响。1914 年，他进入重庆求精中学读书。

1917 年，张大千与二哥一同去日本学习绘画和印染艺术。1919 年他回到上海，拜投名家门下学书画、诗文。不久，张大千悄悄地在松江的禅定寺出家，法名“大千”，百日后还俗，回家完婚，但保留下了“张大千”这个名字。

1924 年，张大千回上海不久，二哥和他人创办了一个艺术团体——“秋英会”，每年秋季，散居全国的会员纷纷聚集上海，赏菊、饮酒、作画、题字、赋诗。一次，年仅 24 岁的张大千在秋英会上诸多前辈面前毫不做作，提笔画出两株傲霜斗寒的墨菊，然后用工笔画了一个端着酒赏菊的古代仕人。最后，他在画上题了一首杜甫的绝句“每恨

张大千故居

陶彭泽，无钱对菊花。如今九日至，自觉酒须赊”，展露了自己在诗、书、画方面的才能，赢得画坛一片赞叹。1925 年，张大千在上海举办第一次个人画展，此后，他便以卖画为生。

1937 年，日军攻占北平后，张大千因拒绝担任日华艺术画院院长等职以及拒绝借出所藏字画办画展，被日本宪兵队关押了一个多月。

1941 年，他远赴甘肃敦煌莫高窟，临摹壁画，面壁近 3 年，刻苦研究。通过这 3 年对古代优秀绘画艺术的学习和揣摩，他把敦煌艺术运用于现代作品之中，将中国人物画推向一个新的高潮。他的艺术修养更加全面，画风也发生了转变。从此他开始善用覆笔重色，他所画的层峦叠嶂的大幅山水画，色彩丰厚浓重，把水墨和青绿有机地融合起来，形成了独创的艺术风格。张大千的敦煌之行不仅对他的画艺精进起了很大的作用，对敦煌学的研究也贡献巨大：他将敦煌壁画介绍给世人，使世人得以窥见我们的国宝艺术，而且他的敦煌临摹画也为我们民族艺术开创了一个新境界。

1950 年以后，他先赴印度讲学，以后漂泊海外，先后在阿根廷、巴西、中国香港等地居住。他还曾在巴黎会见了西方绘画大师毕加索。

1959 年，他漫游欧洲，又开创了“泼墨、泼彩”的新画风，发明了泼墨山水，他的画达到了深厚、华润而又风姿潇洒、秀逸的境界。

从20世纪40年代起，张大千来往于亚洲、欧洲、美洲等地，举办了多次画展，蜚声国际，被誉为“当今最负盛名之中国画大师”。

1983年，张大千在台北去世，享年84岁。

徐悲鸿

XU BEIHONG

主张“古法之佳者守之，垂绝者继之，不佳者改之，未足者增之，西方绘画可采入者融之”。继承我国绘画优秀传统，吸取西画之长，创造自己独特的风格。

姓　　名：徐悲鸿

生 卒 年：1895 年~1953 年

出 生 地：江苏宜兴县

突出成就：中国现代美术的奠基者，古为今用、洋为中用的典范，代表作油画《田横五百士》、中国画《愚公移山》等。

1895 年，徐悲鸿出生在江苏省宜兴县亭桥镇。他自幼便显露出绘画的天赋，9 岁起随父亲学画，在父亲的严格要求下，他在绘画方面打下了坚实的基础。

1908 年，家乡水灾，13 岁的徐悲鸿随父亲去异乡卖画谋生。父亲病逝后，他挑起养家重担，1914 年赴上海谋职，却无功而返。1916 年，徐悲鸿生活安定了下来，住在“哈同花园”，在这里他结识了蒋碧薇。两人心生爱慕，经重重困难，最后徐悲鸿带着她远走高飞。

一年后徐悲鸿夫妇回国。徐悲鸿经康有为介绍，来到了古都北京。他通过游览名胜古迹，画出了不少山水人物画，并借此机会畅谈理想，抒发忧国忧民的情怀。

1920 年，徐悲鸿考入法国巴黎高等美术学校，开始了他的留学生活。在法国，徐悲鸿目睹了卢浮宫里珍藏的艺术瑰宝。在这些艺术珍品前，他流连忘返，赞叹不已，这次学习使他在艺术创作上得到了进一步提高。

1927 年，徐悲鸿结束留学生涯回到上海，成为当时美术界最有影响的人物。他大力倡导用“写实主义”改造中国画界旧有的面貌。并强调“尽精微，致广大”，“惟妙惟肖”，“直接师法造化”。特别是他的“素描是一切造型艺术的基础”论，在画史上产生了划时代的影响。这宣布了从顾恺之到任伯年一千多年间勾线填色彩的作图形式的基本结束和一代新形式国画的诞生。

抗战期间，徐悲鸿时刻心系祖国安危，创作了巨幅油画《田横五百士》《愚公移山》，歌颂了战士们威武不能屈的民族精神，鼓舞人民在艰苦的条件下坚持斗争。1932 年“一·二八”事变发生后，驻沪十九路军英勇抗战，徐悲鸿激情满怀，作国画《雄鸡》，落款“雄鸡一唱天下白”来鼓舞士气。

新中国成立后，1950 年，徐悲鸿担任中央美术学院院长。

1953 年，徐悲鸿病逝于北京医院，享年 58 岁。

梅兰芳

MEI LANFANG

那冰轮离海岛，乾坤分外明，皓月当空，恰便似嫦娥离月宫，奴似嫦娥离月宫。

——梅兰芳

字　　号：名澜，字畹华，艺名梅郎

生 卒 年：1894 年~1961 年

出 生 地：北京

突出成就：对京剧旦角的唱腔、念白、舞蹈、音乐、服装、化妆等各方面都有所创造发展，形成了自己的艺术风格，世称“梅派”。

梅兰芳 1894 年 2 月 2 日出生于北京城内一个京剧世家。他自幼父母双亡，由伯父抚养成人。1901 年，7 岁的梅兰芳开始学戏。

1912 年，18 岁的梅兰芳随京剧大师王凤卿首次到上海演出，并取得很大成功。

梅兰芳多次拜师学艺，戏路很宽，不仅精通青衣、花旦、刀马旦的旦行表演艺术，还掌握了生行等其他行当的表演技巧，经过充分挖掘和潜心钻研，在他身上逐渐形成了自己艺术上的流派——梅派。1921 年组建“崇林社”的时候，他已和京剧大师杨小楼齐名。同时，“梅派”艺术也进入了新阶段。

梅兰芳的“舞”出神入化，形态逼真，在演《长恨歌》时，他的“舞”就是全剧的高潮。梅兰芳的京剧唱腔，从朴素的“情”过度到华丽的“文”，努力使唱词文字典雅绚丽，并在曲调上引入了昆曲，加以变通，形成了他独有的唱腔特点。1936 年梅兰芳通过学习，掌握了如何用气、换气、提气、偷气等功夫。他对气的理解和运用已经达到了臻于完美的神奇境界。

梅兰芳通过谭鑫培和杨小楼两位前辈的指点，加之自己的天赋和勤奋，取得了辉煌的艺术成就。在谭鑫培去世后，梅兰芳跃居旦行第一，并在“四大名旦”中自始至终占据着领衔的位置。

1930年，梅兰芳率团访问美国。归来后，地位和名声便不断提高，1933年他被戏迷称为“伶界大王”，被捧为梨园界的代表人物。之后，他不得不与政界、商界、军界乃至洋人周旋。因看不惯官场中的阿谀奉承和尔虞我诈，毅然离开北京，南迁上海。

1935年，梅兰芳访问苏联时，因坐火车需经过伪满洲国，他宁愿长途奔波，坐船到苏联也不坐火车，体现了高度的民族气节。

在上海，恰逢日本大举入侵中国。梅兰芳不甘做亡国奴，无可奈何之际，他想自杀却又不忍，想归隐又不能。两难之际，日本侵略者用金钱利诱他为日本人唱戏，梅兰芳发誓赶不走日本人决不上舞台，并蓄须明志，1945年8月15日听到日本投降的消息后，他立即刮去了长长的胡须，当众宣布将重返京剧舞台。

1949年，梅兰芳应第一届文代会的邀请，又一次回到了故乡——北平。

新中国成立后，梅兰芳受到党和政府的重视，继续活跃在戏剧舞台上。

1959年，党和政府允许梅兰芳剧团成立。

梅兰芳努力让自己成为毛主席所倡导的“完全彻底为人民服务”的人，他常告诫自己：生出“不满足”，可；生出“不满意”，则坚决不可。

1961年8月8日，梅兰芳逝世，享年67岁。他是京剧“四大名旦”之首，是旦角中“前无古人”的大家。

聂耳

NIE ER

如果知道光阴的易逝而珍贵爱情，不作无谓的伤感，并向着自己应做的事业去努力，尤其是青年时代也不把时光滥用，那我们可以武断地说将来必然是会成功的。

——聂耳

姓　名：原名聂守信

生 卒 年：1912 年~1935 年

出 生 地：云南玉溪

突出成就：由其作曲的《义勇军进行曲》，激励和鼓舞了几代中国人。

聂耳 1912 年 2 月 15 日生于云南昆明一个叫“成春堂”的中医世家里，聂耳成长在幸福温馨的家庭环境中，自幼聪明懂事。聂耳的父亲早逝，母亲成为了聂耳最初的启蒙老师。5 岁时聂耳就已认识数百个汉字，6 岁时考入了当地县立师范的附属小学，聂耳各门功课年年都是优秀。

聂耳自幼就喜爱音乐，深受滇剧、云南花灯等民间音乐的影响。后来，他又学会了演奏二胡、三弦、月琴、风琴，成了校学生音乐团的组织者和指挥。

聂耳对音乐的兴趣，也影响了他的两个哥哥。几乎每天晚上，兄弟几个总要约上一两个会玩乐器的小伙伴，在家里举办一个小型的“室内音乐会”。《梅花三弄》《苏武牧羊》《木兰辞》《昭君出塞》等，是他们的保留节目。他们的表演常常引得成群的路人和街坊们驻足倾听。

1925 年，聂耳考入了云南省立第一联合中学。在校期间，聂耳广泛阅读了《东方杂志》《创造月刊》等进步书刊，受到了马克思主义等革命思想的影响，并热情投入到反抗帝国主义暴行、支援“五卅”受难工人的宣传、募捐演出活动之中。这都为他形成进步的世界观打下了基础。

初中毕业后，15 岁的聂耳考入公费的云南省立第一师范学校高中部“外国语组”学习英语。聂耳很聪明，再加上曾补习过英语，因而学起来并不吃力。有时为了训练准确流利的英语会话，他还进行对话表演。

聂耳在省立师范读书期间，不但学习刻苦努力，而且思想积极进步。在大革命处于低潮，蒋介石叛变革命，全国一片白色恐怖的情况下，聂耳作为中国共产党领导下的“救难会”的成员，曾多次进监狱探望及慰问被关押的革命同志，并最终秘密地加入了中国共产主义青年团，从事刻印、张贴传单等革命活动。为了逃避搜捕，1930 年他来到上海，次年考入“明月歌舞团”，向黎锦晖学习作曲。1932 年聂耳参加剧联音乐小组，进入了百代唱片公司工作，为左翼电影、话剧作曲。短短 2 年时间里，他就为 8 部电影、3 出话剧、1 出舞台剧写了 20 首主题歌，再加上其他乐曲，共创作了 41 首作品。

1935 年，他为电影《风云儿女》创作主题歌《义勇军进行曲》。同年，聂耳赴日本，准备经欧洲赴苏联求学，不幸游泳时溺水逝世，年仅 23 岁。他的英年早逝，是中国现代音乐难以估量的损失。

达·芬奇
DA FENQI

趁年轻少壮去探求知识吧！它将弥补老年带来的亏损。智慧乃是老年的精神的养料，所以年轻时应该努力，这样年老时才不致空虚。

——达·芬奇

姓　　名： 列奥纳多·达·芬奇

生 卒 年： 1452 年~1519 年

出 生 地： 意大利佛罗伦萨

突出成就： 文艺复兴时期最完美的代表，其绘画把科学知识和艺术想象有机地结合起来。代表作有《蒙娜丽莎》，壁画《最后的晚餐》。

1452 年达·芬奇出生在意大利佛罗伦萨附近的芬奇镇，出生不久，母亲便被父亲遗弃，于是母亲把他交给了祖父母抚养，从小达·芬奇便和祖父母生活在一起。7 岁时，他被送进教堂学校读书。孩提时代的达·芬奇就聪明伶俐，勤奋好学，兴趣广泛，尤其喜爱绘画，常为邻里们画画，有“绘画神童”的美称。

14 岁时，他被送往佛罗伦萨，拜著名的艺术家维罗齐奥为师，开始系统地学习造型艺术。维罗齐奥对学生要求很严格，有自己独特的一套训练方法。他既不向达·芬奇传授绘画理论和技巧，也不让他进行临摹，而是让达·芬奇画鸡蛋。开始几天达·芬奇画了几张，可老师仍让他继续画蛋。他终于没有耐心了，认为老师不想认真教他。老师看出了他的心思，对他说：“世上没有完全相同的蛋。即使是同一个蛋，由于观察角度不同，光线不同，它的形状也不一样啊。”达·芬奇这才恍然大悟，明白老师是在培养他的观察能力和把握形象的能力。于是，他便开始勤练基本功，学习各类艺术与科学知识，为他以后取得卓著的成就，打下了坚实的基础。

另外，他结识了一大批知名的人文主义者、艺术家和科学家，受到了人文主义的熏陶，这些对他日后的创作产生了巨大影响。

经过不断学习和努力，到 20 岁时，达·芬奇在艺术上已取得了很大的成绩，成为公认的画家。在他早期作品中不仅体现了人文主义思想，还形成了独特的个人艺术风格。在当时，绘画的选题和表现手法都受到封建社会的限制，但达·芬奇的思想不受其约束，崇尚解放与自由。

达·芬奇一生在绘画上孜孜不倦地追求，为我们留下了许多名垂千古的杰作。他的壁画《最后的晚餐》、祭坛画《岩间圣母》和肖像画《蒙娜丽莎》都是世界艺术宝库中的珍品。

达·芬奇道德高尚，举止温雅。他的天才表现在多方面。作为哲学家，他认为知识来源于实践，必须从实践出发，通过实践去探索科学的奥秘。这一理论，后来得到了伽利略的进一步肯定，并由英国哲学家培根从理论上加以总结，成为近代自然科学的最基本方法。在天文学上，达·芬奇否定了传统的“地球中心说”。他在解剖学和生理学上也取得了巨大的成就，被认为是近代生理解剖学的始祖。他的研究和发明还涉及军事和机械方面，并在数学领域和水利工程等方面也贡献巨大。他通过深入观察，模仿鸟的翅膀设计了一个类似于飞机的飞行机械。他还设计了纺车、机床、冲床，最早提出了地质学的概念。他的科学实践为以后的科学发展提供了思想源泉。他真知灼见的才华和永不满足的探索精神将不断激励着后人向更高的目标奋进。可以说，达·芬奇是世界上少有的全面发展而且成就突出的学者。

达·芬奇的晚年是在漂泊中度过的。1517 年，他离开意大利寄居法国。1519 年 5 月 2 日，达·芬奇在法国与世长辞，享年 67 岁。

米开朗琪罗

MIKAILANGQILUO

完美，是经过一系列恶心之后达到的。

——米开朗琪罗

姓　　名：米开朗琪罗·波纳罗蒂

生 卒 年：1475 年~1564 年

出 生 地：意大利佛罗伦萨的卡普莱斯镇

突出成就：代表作有《大卫》，巨型天顶画《创世记》，以及设计建造了罗马圣彼得大教堂的圆顶。

米开朗琪罗于 1475 年 3 月 6 日出生于意大利佛罗伦萨的卡普莱斯镇。他出生后就被寄养在一个勤劳而善良的石匠家里。在那里他受到了最初的艺术启蒙，这种熏陶使他自然地拿起了铁锤和凿子。6 岁时，父亲把他送进一家拉丁语学校接受系统的教育。米开朗琪罗特别喜欢画画，但他的父亲觉得雕刻画画是低贱的事，常常对他进行阻止、谩骂，甚至毒打。他顽强地抗争着。13 岁那年，为了自己的爱好，他毅然离家出走，到佛罗伦萨师从一位著名画家基兰达约，开始专门学习画画。1789 年，他又进入一所雕刻学校潜心学习雕刻，接受了严格的训练和先进的人文主义思想熏陶，开始了自己的创作生涯，并取得了巨大成功。

1498 ~ 1500 年间，米开朗琪罗创作《哀悼基督》并一举成名。1501 年他回到故土，创作了《大卫》，艺术风格日趋成熟。然而专横残暴的罗马教皇朱里奥二世强令他为教会无偿服务。从此以后，米开朗琪罗开始了屈辱痛苦的一生。但他的艺术思想和创作风格始终没有改变。他把一生的坎坷和不幸，内心的痛苦与挣扎，人世间的悲伤和不平，都凝聚在手中的画笔和雕刻刀上，用艺术的语言真切地表达出了他内心的感受。

米开朗琪罗作品—大卫

1508 年，米开朗琪罗接受了为罗马西斯廷教堂天花板绘画的任务。屋顶的面积有 300 平方米，二十多米高，人物 343 个，在此之前还从未有人画过如此宏伟的壁画。

米开朗琪罗在绘画时常常要爬上很高的脚手架，仰着脖子，弯着腰，艰难地在天花板上绘画，一干就是几个小时。就这样他整整花了 4 年零 3 个月的时间完成了这幅轰动全意大利的巨幅壁画。

1524 年，他创作了《昼》与《夜》,《旦》与《夕》两组象征性雕塑，1536 年创作完成了巨画《最后的审判》。40 年代后期，他设计了罗马的法尔涅塞宫，还负责圣彼得大教堂的建造，成就突出。

1564 年 2 月 18 日，米开朗琪罗在工作室逝世，享年 89 岁。

巴　赫

BAHE

音乐是赞颂上帝的和谐声音。

——巴赫

姓　　名：约翰·萨巴斯坦·巴赫

生 卒 年：1685 年~1750 年

出 生 地：德国爱森纳赫

突出成就：巴罗克盛期代表人物，被誉为“西方音乐之父”，作品涉猎多种体裁，较为多产。

巴赫于 1685 年出生在德国爱森纳赫的一个音乐世家。他的父亲是一位优秀的小提琴手，家庭成员中有作曲家、音乐家，在这样的家庭环境熏陶下，他自幼就酷爱音乐。

巴赫 8 岁时便失去双亲。少年时期他靠奖学金进入圣·米歇尔学校学习。1702 年，他从圣·米歇尔学校毕业，一年后成为一家室内乐队的小提琴手。1723 年，巴赫开始在莱比锡的圣·托马斯教堂任歌咏班领唱，他在此后的 27 年中一直担任此角色。

巴赫是一位多产的作曲家，他的作品包括近 300 首的大合唱曲组成的《平均律钢琴曲集》、48 首赋格曲和前奏曲、140 首其他前奏曲、一百多首其他大键琴乐曲、23 首小协奏曲、4 首序曲、33 首奏鸣曲、5 首弥撒曲、3 首圣乐曲及许多其他乐曲。巴赫一生总共谱写出八百多首严肃乐曲。

巴赫是一个路德教徒。他希望他的乐曲可以为教会服务，所以他的大多数作品都是宗教音乐。在音乐形式上他无意创新，而是把现有的形式推上最高峰。

在巴赫去世后的半个世纪里，他的音乐大体上无人问津。到了 19

世纪，人们对巴赫乐曲重新产生了兴趣，从此，他的声誉和名望与日俱增。他也成为与莫扎特、贝多芬齐名的音乐家。

巴赫被认为是所有著名作曲家中水平最高的艺术家。他谙熟所处时代的所有音乐形式，例如他对旋律组合法在艺术上的精通程度可谓无人能及。此外，他的管弦乐作品逻辑性强，富于变化，主题贴切，旋律优美。

巴赫的作品在结构的深刻性和复杂性方面要比其他作曲家的作品具有更加无穷的艺术魅力。从长远来看，巴赫的作品比风靡一时的“流行”作曲家的作品拥有更多的听众，因为它以其独特的魅力占据了听众的心灵，从而成为时尚中的经典。

莫扎特

MOZHATE

奥地利作曲家莫扎特是古典乐派最典型的作曲家，与海顿、贝多芬并称为维也纳古典乐派三大作曲家。

姓　　名：沃尔夫冈·阿马德乌斯·莫扎特

生 卒 年：1756 年~1791 年

出 生 地：奥地利维也纳市萨尔茨堡

突出成就：维也纳古典音乐派代表人物之一，世界音乐史上最有影响的代表人物之一。

莫扎特于 1756 年 1 月 27 日出生于奥地利维也纳附近的萨尔茨堡，他的父亲在萨尔茨堡的大主教乐队担任小提琴手。小莫扎特自幼天资聪明，显露出超人才华，被誉为“音乐神童”。莫扎特 3 岁时就能在钢琴上弹奏他所听过的乐曲片段，5 岁开始学作曲，6 岁时就能即席演奏，作品独具一格。

父亲发现儿子的音乐天赋后，便开始全力以赴地培养他，除了对莫扎特进行复杂的音乐理论与演奏技能的训练外，还让他学习多种外语以及文学和历史知识。为了开阔眼界和获得皇家赏识，从 1762 年起，在父亲的带领下，6 岁的莫扎特和 11 岁的姐姐玛丽安娜周游德、奥、法、英、意等国，开始了长达 10 年的旅行演出。莫扎特的音乐才能令人震惊，他的表演常令听众如痴如醉，所到之处无不引起巨大轰动。当他的父亲带他去拜见大诗人歌德时，歌德说：“莫扎特是世界的第九大奇迹。”在英国演出时，莫扎特得到了当时著名的音乐大师的指导，同年他创作了一首交响乐和几首奏鸣曲。11 岁时，莫扎特创作了最初的歌剧《装痴作傻》，14 岁时，他为意大利米兰歌剧院写歌剧并亲自担任指挥，当时观众们激动地高呼："小音乐家万岁！"同年，他获得鲍伦亚学院院士称号，被罗马教皇授予了"金距轮"奖章。

1772 年，16 岁的莫扎特结束游历生活，回到了家乡萨尔茨堡，在大主教的宫廷乐队里担任首席乐师。由于难以忍受雇主的苛刻，莫扎特辞去了乐师职务，再次开始外出旅行，希望能获得改变命运的机会。但是，现实使他再次回到家乡，回到了大主教的宫廷里，大主教更加刻薄地对待他。虽然这段时间莫扎特的生活充满艰辛，但是他写了许多交响乐、协奏曲和歌剧。1781 年，他终于与雇主决裂。1782 年，莫扎特与康斯坦斯在维也纳结婚定居，开始了独立自主的艺术生涯。莫扎特虽然越来越出名，但却越来越穷，有时甚至连吃饭都成问题，经常要向人借钱。在寒冷的冬天，莫扎特买不起取暖的木炭，夫妻二人不得不以跳舞来取暖。尽管生活贫困，他却把更多的激情注入音乐中，创作出了许多优秀的作品。

莫扎特在维也纳的最后 10 年，是他进行音乐创作的最重要时期。在这最后的 10 年里，莫扎特写下了自己最辉煌的作品，包括著名歌剧《费加罗的婚礼》《魔笛》，第三十九、四十、四十一交响曲等世界著名作品。

1791 年 12 月 6 日凌晨，莫扎特默吟着自己心爱的歌剧《魔笛》的旋律，在音乐的环绕下闭上了眼睛，年仅 35 岁。他在短短的一生中，创作出数量惊人的音乐瑰宝：歌剧 22 部，交响曲 41 部，钢琴协奏曲 27 部，小提琴协奏曲 6 部。他的音乐被人们称为"永恒的阳光"，因为他的音乐带给人的是一种纯真与美好。

贝多芬

BEIDUOFEN

音乐应当使人类的精神爆发出火花。

——贝多芬

姓　　名：路德维希·凡·贝多芬

生 卒 年：1770 年~1827 年

出 生 地：德国波恩市

突出成就：维也纳古典音乐派代表人物之一，作品有《第九合唱交响曲》《第五命运交响曲》《月光》等作品极富盛名。

贝多芬，1770 年 12 月 16 日出生于德国波恩市的一个音乐世家。他从小就表现出了非凡的音乐天赋。3 岁时，贝多芬随父亲进入乐团学习演奏钢琴和提琴等乐器。8 岁时，他随父亲到科隆和鹿特丹巡回演出。以后他遇到了一位热心肠的好老师，于是开始学习写钢琴奏鸣曲。在老师的精心指导下，1783 年贝多芬发表了他的三首奏鸣曲，并获得了成功。贝多芬年轻时访问过维也纳，在那儿结识了莫扎特。他曾打算拜莫扎特为师学习作曲，但是不久便接到母亲病重的消息，于是匆忙赶回家，一直守护在母亲的身旁，直到母亲去世。1792 年，贝多芬返回维也纳并在此定居，师从海顿、申克等人。

在老师的指引和影响下，贝多芬一步步迈入音乐的最高殿堂，不久就成为一名多产的作曲家，作品颇受欢迎。在创作上，他大胆创新，并发挥即兴演奏的优势，创作了一大批优秀的作品。

有一次，贝多芬与几个朋友到郊外散步，看到美丽的田野，翠绿的青山，蜿蜒的河流，他不禁陷入沉思。朋友们都有说有笑，他却一言不发。过了一段时间，他突然大喊：“找到了！我找到了！”说完便狂奔回家。回到家以后，他立刻把刚才的自然美景用钢琴以音乐的形式弹奏出来。就这样，著名的《第四交响乐》诞生了。

1798 年，他的听觉开始衰退，多方治疗都不见好转，并且还日益恶化。1802~1815 年间他的失聪症不断加剧，因此深居简出，性格变得越来越孤僻。1801~1806 年间，他遭遇了两次爱情失败，使他精神上深受打击，但这也促使他把更多的心血投入到了艺术创作中。

贝多芬不断地谱写出大量的音乐作品，如 1804 年创作的《英雄交响曲》，1808 年创作的《命运交响曲》。1820 年后，饥饿、疾病使贝多芬完全耳聋。他不能再登台演出，性格变得更加孤独怪僻。他很少关注当时为观众喜闻乐见的音乐，而是投入了更大精力为未来而创作。他完成了第九号提琴奏鸣曲《克罗采》、第二十一号钢琴奏鸣曲《华德斯坦》、第二十三号钢琴奏鸣曲《热情》，歌剧《费黛里欧》《第四号钢琴协奏曲》《D 大调小提琴协奏曲》、第六交响曲《田园》、第五钢琴协奏曲《皇帝》等不朽名作。

这位天才的作曲家在饱尝失聪的痛苦的同时，以一种超人的毅力继续创作，取得了令人难以置信的成就。1824 年，他完成了一生中最负盛名的《第九交响曲》。

晚年的贝多芬因耳聋不能与别人对话，只有靠一支笔、一个本子与别人交流。虽然这样，他仍然继续自己的创作生涯。1826 年，他一病不起。1827 年 3 月 26 日，贝多芬与世长辞，享年 57 岁。

柴可夫斯基

CHAIKEFUSIJI

音乐的欣赏只有多次聆听才能了解其素质以及缺点。

——柴可夫斯基

姓　　名：柴可夫斯基

生 卒 年：1840 年~1893 年

出 生 地：俄罗斯沃延斯克

突出成就：伟大的俄罗斯浪漫乐派作曲家，也是俄罗斯民族乐派的代表人物。

柴可夫斯基是 19 世纪俄罗斯音乐史上的巨人，是俄罗斯民族艺术史上举足轻重的标志性人物。他改变了世人对俄罗斯音乐的看法，他以他的执着赢得了俄罗斯音乐的未来。

柴可夫斯基出生在俄罗斯的沃延斯克，是一个政府官员的儿子。父亲是矿业专家，母亲弹得一手好钢琴，在他的心目中：妈妈等于音乐，音乐等于妈妈。他 5 岁那年的一天，父亲在家里播放歌剧《唐璜》的唱片，他的情绪随着音乐起伏，当听到忧伤处时竟然放声大哭。他的天才般的敏感心灵造就了他音乐上的成就。

他 19 岁时从彼得堡的法学学校毕业，并在司法部供职。23 岁时他辞去公职，进了新成立的圣彼得堡音乐学院，3 年就完成了学业。校长安东·鲁宾斯坦推荐他到莫斯科音乐学院任教。在繁忙的教学之余他勤奋地致力于作曲，创作了一些成功的作品。在梅克夫人的资助下，柴可夫斯基移居国外。此后，柴可夫斯基的名声逐渐传开了，他成为第一个以其音乐吸引了西方注意力的俄国人。

1871 年，柴可夫斯基举行了首次个人音乐会，邀请到各界名流出席，也包括作家屠格涅夫。屠格涅夫起初不想来，他一向讨厌作曲家，认为20年后谁也记不起这些人的作品。在柴可夫斯基的好朋友著名音乐家什宾斯坦的再三劝说下，屠格涅夫才来了，为了摆架子，还故意迟到了一会儿，所以没有听到弦乐四重奏《如歌的行板》那一段。但柴可夫斯基的其他作品，给他留下良好的印象。

柴可夫斯基与梅克夫人的友谊，是音乐史上一段动人的故事。梅克夫人是一位有钱的寡妇，作为柴可夫斯基的“音乐知音”，从1877年起每年给他提供6 000卢布的资助，让他专心从事创作。从此两人书信往来13年之久。他们通过书信，抒发各自的情感，互为精神支柱，他的《第四交响曲》就是献给梅克夫人的。

柴可夫斯基一生创作了6部交响曲、9部歌剧和数部芭蕾舞曲等大量传世之作，他的作品数量之多在西方音乐史上是罕见的。他的作品深受世界人民的喜爱，至今仍享有极高的声誉。他的古曲芭蕾舞曲《天鹅湖》《胡桃夹子》等尤其脍炙人口，历演不衰。

1893年，柴可夫斯基完成了他的《第六交响曲》。在完成《第六交响曲》（称《悲怆》）后，柴可夫斯基不幸染上了霍乱，医治无效，于1893年11月6日死亡，享年53岁。

联合国教科文组织将1990年定为“柴可夫斯基年”以纪念这位天才的音乐家。

罗丹
LUODAN

罗丹在欧洲雕塑史上的地位，正如诗人但丁在欧洲文学史上的地位。罗丹和他的两个学生马约尔和布德尔，被誉为欧洲雕刻界的“三大支柱”。

姓　　名： 弗朗索瓦·奥古斯特·雷诺·罗丹
生 卒 年： 1840年~1917年
出 生 地： 法国巴黎
突出成就： 善于用丰富多样的绘画性手法塑造出神态生动富有力量的艺术形象，作品有《青铜时代》《思想者》。

奥古斯特·罗丹1840年11月12日出生于法国巴黎拉丁区一个普通雇员家庭里，自幼酷爱画画，而父亲却无意把他培养成一名艺术家，而是希望他学一门手艺来养家糊口。

5岁时罗丹被父亲送进一所教会学校，他对课程毫无兴趣，功课很差。于是父亲把他送进伯父主持的学校，罗丹从此用心学画，四年后学成回家。1854年他又进入波提特设计学校学习，与雕刻结下不解之缘。1862年进入修道院，完成了院长艾马尔胸像。1875年，他到意大利旅行，细心研究了多纳太罗、米开朗琪罗等人的作品，深受其影响。

1876年至1877年间罗丹完成了雕塑《青铜时代》，他以当时不同寻常的现实主义，以不受任何学院认可的虚构和理想化的方式，塑造了一个裸体少年的形象，并给作品赋予了普遍的含义——唤醒人类的思想。1879年罗丹完成了群雕《号召拿起武器进行斗争》。

罗丹的作品不矫揉造作，注重人体姿势的自然状态，并以创造性的态度去把握真实，表现丰富的动作与内心。

1880年，罗丹开始创作《地狱之门》。这项工程非常巨大，一直持续到1917年罗丹生命完结。罗丹作品中的人物反映出了宏大的思想和感情范畴，其中许多人物作品集中概括了对人类具有重要意义的现象。例如他的《思想者》完美地体现了人类思想，《吻》以炽烈而纯真的形式表现爱情的深刻含义。

罗丹非常注重明暗效果在人体自然形态上富于变化的表现，也因此被称为雕塑中的“印象派”。1886年，罗丹为著名诗人雨果塑像。1893年，罗丹开始为法国大文豪巴尔扎克塑像。为此他长期深入研究有关巴尔扎克的所有资料，做了充足的准备工作。

罗丹一生创作十分丰富。1916年，他把自己的全部作品捐赠给国家，共有56尊大理石像、193尊石膏像、56尊铜像、200幅草图和素描、100尊赤土塑像。著名的作品有《青铜时代》《加莱义民》《雨果》《巴尔扎克》《痛苦》《哀愁》《思想者》《吻》《沉思》等。他还著有专著《艺术论》，在西方美术理论界占有重要地位。他的创作对欧洲近代雕塑的发展有着深远的影响。1917年11月7日，罗丹去世，享年77岁。

凡·高

FANGAO

为了更有力地表现自我，我在色彩的运用上更为随心所欲。

——凡·高

姓　　名：文森特·凡·高

生 卒 年：1853 年~1890 年

出 生 地：荷兰津德尔特

突出成就：后期印象画派代表人物，作品有《向日葵》《邮递员罗兰》《星光灿烂》等。

凡·高 1853 年 3 月 30 日出生在荷兰北部的津德尔特村的牧人家庭，凡·高自幼性格孤僻，缄默木讷而又腼腆羞怯。他 9 岁时就显露出美术天赋，画过一些实物速写，并临摹石版画。他 16 岁完成学业后，开始到古皮尔艺术公司当学徒，先后在该公司的海牙、布鲁塞尔、伦敦的分店和巴黎的总公司工作，耳濡目染，认识和欣赏能力逐步增强。按照父亲的要求，加上叔叔的劝说，凡·高于 1878 年到一个新教教会学校的短期班培训，以后又来到了比利时南部博里纳日的矿区传教。不久他被教会解雇，继而在其兄弟泰奥的帮助下，开始学画，经过家人的鼓励和姐夫的指导，凡·高在绘画方面取得了一些进步。

贫困的生活时时将凡·高逼迫到生存的最底线，但他始终不改对艺术的痴迷与执着，他的一生没有为改变贫穷的命运而偏离过既定的轨道。他早期画风深受荷兰传统绘画与法国现实主义画派的影响，注重写实。1886 年凡·高来到巴黎，结识大批知名印象主义画家，并接触到日本的浮世绘画作品，视野大为开阔，作品色调也变得明亮起来。1887 年，凡·高两次在劳工阶级的咖啡馆和饭馆展出自己的作品。不久，他厌倦了巴黎的生活，对印象主义和新印象主义的画风也有所怀疑。

1888 年 10 月，凡·高应邀来阿尔勒与泰奥同住，可是由于性格不合和艺术追求不同，他们之间很快出现矛盾，不欢而散。同年 12 月，凡·高因精神失常，割下自己的一只耳朵。他的病情时好时坏，于 1889 年夏到圣雷米精神病院休养。1890 年 5 月出院，他途经巴黎，稍作休息后，迁居瓦兹河畔的欧韦，接受医生的监护，7 月曾去巴黎探望泰奥一家，并会见图卢兹·洛特雷克。返回后因旧病复发，凡·高于 7 月 27 日开枪自杀，29 日清晨离世。

早在 1885 年，他创作《拾土豆者》时，凡·高就基本确立了自己的艺术风格，那时，他的精神分裂倾向也初露端倪。

他在印象主义和新印象主义影响下创作的风景画如《塞纳河滨》《带烟斗的人》等，是转折时期的作品。凡·高创作的成熟期是 1888 年到阿尔勒以后，他大胆地探索、自由地抒发内心的感情，追求线和色彩自身的表现力。这一年他创作了 46 幅画，凡·高一生共创作了八百多幅作品。阿尔勒时期的名作有《向日葵》《邮递员罗兰》《椅子和烟斗》《咖啡馆夜市》《抽着烟斗、包扎着耳朵的自画像》等。雷米时期和在

凡·高的作品

瓦兹河畔欧韦创作的作品，著名的有《星光灿烂》《凡·高在阿尔勒的卧室》《加歇医生》《欧韦的教堂》等。

凡·高生前并未得到社会的真正承认。1888 年，由于泰奥的帮助，他的 3 幅油画和数幅素描，才得以在独立沙龙展出。他生前只卖出一幅画，售价 4 英镑，所以一直过着贫苦的生活。而 100 年后凡·高的《向日葵》以 4 200 万美元的价格售出。后来，他的《蝴蝶花》在一次拍卖中，售价高达 5 350 万美元。这是我们迄今知道的艺术品的最高价之一。凡·高为人类留下的艺术珍品将永放光芒。

卓别林

ZHUOBIELIN

无论天资有多么高，他仍需学会技巧来发挥那些天资。

——卓别林

姓　　名：查尔斯·卓别林

生 卒 年：1889年~1977年

出 生 地：英国伦敦

突出成就：奠定了现代喜剧电影的基础，塑造的形象成为喜剧电影的重要代表。

查尔斯·卓别林1889年4月16日出生于英国伦敦的一个贫民区。他的父母亲都是杂剧团的喜剧演员。

小卓别林长得聪明伶俐，非常喜欢唱歌跳舞。母亲每次演出都要把他带到剧院，让他站在舞台幕后观看演出。5岁时，他代替嗓子失声的母亲登台演出，并获得成功。后来，母亲患上了精神病，被送进疯人院。母亲病愈后，靠给人做针线活赚些钱，且把卓别林送进了学校。卓别林非常珍惜学习机会，他总是有一种冲动，他要把自己的才能向同学们展示出来。可是好景不长，迫于生计，卓别林恋恋不舍地离开了他喜爱的学校。经过父亲推荐，不满10岁的卓别林参加了舞蹈班。在这里，卓别林不仅学习了舞蹈，还想方设法学了一些其他的技艺。

为了挣钱养家糊口，卓别林做过报童、佣人、印刷工，他甚至跟人学会了制作玩具船，并沿街叫卖。

不久，他母亲因旧病复发被再次送入疯人院。11岁的卓别林被迫流落街头。

卓别林一心向往当一名演员，并积极为此寻找机会。12岁时，他在一个巡回剧团找到了工作，接受舞台剧的一个小角色，正式登台，开始了演艺生涯。长久以来的梦想终于实现。从此，他跟随戏班，过着漂泊的生活。

随后，他又在一个叫凯西的马戏团里做事。由于他对所刻画人物的深刻理解与表演技巧的娴熟，很快赢得了老板与观众的欢迎。工作期间，他刻苦训练、精益求精，不断汲取古典幽默剧的优良传统，初步形成了一套独特的哑剧风格。虽然此时经济状况得到好转，他依然过着俭朴的生活，并如饥似渴地广泛涉猎书籍，用知识来丰富自己，向成功不断迈进。

1907 年，卓别林被卡尔诺剧团录用，在《哑鸟》等剧中担任主角，并获成功。从此声名大噪。卓别林经常随团到各地演出，也有机会接触到更多的新鲜事物。

卓别林在纽约演出时，引起了好莱坞片商的注意。1913 年底，他和基斯顿公司签订了合同，正式成为该公司的主要演员。卓别林从此开始了他的银幕生涯。

卓别林在 1914 年拍了第一部电影《谋生》，并在一年内主演了 35 部短片，其中 21 部是他自编、自导的。他的流浪汉夏尔洛的形象赢得了观众的广泛认同。

很快，卓别林便轰动全球，成为家喻户晓的大明星。

1914 年，第一次世界大战爆发。卓别林决心揭露、抨击残害人民的各种邪恶势力。1915 年卓别林转入埃山奈公司，并拍摄了 15 部经典影片。他先后完成了社会讽刺片《安乐街》《移民》《狗的生涯》和《夏尔洛从军记》等影片。这些影片从不同角度揭露了战争给人们带来的灾难。他的影片短小精悍、妙趣横生。

此后，富有正义和社会责任感的卓别林拍摄了《淘金记》《大独裁者》《摩登时代》《凡尔杜先生》等优秀影片，以此来揭露黑暗现实。不久，他便因此在美国受到政府的迫害。为此，他发表了一篇题为《我向好莱坞宣战》的文章，向全世界控诉他所遭遇的迫害。

1952 年，卓别林被美国政府驱逐出境。随后，他决定定居瑞士。

1954 年 5 月，在柏林召开的世界和平理事会宣布，颁发给他国际和平奖金。1972 年美国政府勉强更正了对他的裁决，同年他访问美国，并接受奥斯卡特别奖。

1977 年 12 月 25 日，卓别林与世长辞，享年 88 岁。

政治军事家

兵者，诡道也。故能而示之不能，用而示之不用，近而示之远，远而示之近。

——孙武

孙 武

SUN WU

兵者，诡道也。故能而示之不能，用而示之不用，近而示之远，远而示之近。

——孙武

字　　号：字长卿，誉称“兵圣”

生 卒 年：公元前551年~公元前479年

出 生 地：齐国乐安（今山东惠民）

突出成就：著有巨作《孙子兵法》十三篇，为后世兵法家所推崇，被誉为“兵学圣典”。

孙武约公元前551年生于齐国乐安。他的祖父、父亲都是齐国著名将领，从小便对其进行军事熏陶，孙武在青少年时期即注重学习军事知识，长于击剑。约公元前532年，为避齐国之乱，他辗转来到吴国，在吴国军队中当过军校，参加过吴楚战争。不久因受伤退伍，隐居山村，潜心研究兵法，著书立说，以期大展宏图。

在隐居期间，孙武结识了楚国人伍子胥，伍子胥非常欣赏孙武的军事才能，于是两人成为非常亲密的朋友。

公元前514年，公子光用专诸刺杀吴王僚，取得王位，他就是吴王阖闾。阖闾起用伍子胥为大臣，并与百姓同甘共苦，广泛搜罗各种有用之才。伍子胥明白吴王心事，乘机向他推荐孙武，但并未引起阖闾足够的重视。

在以后不长的时间里，伍子胥先后7次向阖闾推荐孙武，并把他写的兵法逐篇向阖闾讲解。阖闾终于看到了孙武的才能，于是决定亲自召见孙武，并对他非常赏识，还从宫中选派180名宫女，让孙武进行操练。

孙武把宫女们分成两队，让吴王最宠爱的两位美姬分别担任队长，发给每个宫女一支戟，然后教她们列队方法。在向宫女们交代明白以后，孙武开始击鼓操练。不料号令一出，宫女们未见过这些场面，根本不听号令，只觉有趣，笑成一团。孙武再三警告无效，为了严明军纪，于是下令将两名队长斩首。

在台上观阵的阖闾见状大惊，急忙派人求情，孙武不为所动，指出其中利害，遂把两名美姬推出斩首示众。然后，他任用每队中第二名宫女为队长，重新击鼓发令。宫女们才知军令如山，令行禁止都符合规定要求，无人喧哗。

吴王阖闾为孙武杀了两个爱姬满腹怨气，在伍子胥的开导下，他认识到孙武是个不可多得的人才，于是命他为将军。吴军在孙武的严格训练下，很快成为一支纪律严明、训练有素的军队。

公元前 512 年秋天，孙武旗开得胜，与伍子胥一起领兵灭掉钟吾国和徐国。其后，孙武协助伍子胥提出“疲楚误楚”方针，几年间把楚国折腾得劳师伤财，丢城失地，十分被动。公元前 506 年，吴国联合唐、蔡征伐楚国，吴王阖闾亲自出马，孙武为将军，伍子胥为副将，率 3 万主力大破 20 万楚军，五战五捷，一举攻下楚国都城郢。

公元前 496 年，阖闾伐越中箭身亡，太子夫差即位。孙武、伍子胥继续辅佐夫差励精图治、加紧备战，三年后大败越军。越王勾践仅剩 5 000残兵败将逃到会稽山上，被迫向吴国求和。战败越国，夫差北上与齐晋争雄，于公元前 482 年在黄池（今河南封丘）与诸侯国会盟，取代晋国成为霸主。

公元前 479 年，孙武卒，葬于江苏吴县（今苏州）东门外。司马迁在《史记》中对他有高度的评价。

秦始皇

QINSHIHUANG

及至秦始皇，奋六世之余烈，振长策而御宇内，吞二周而亡诸侯，履至尊而制六合，敲朴拊以鞭笞天下，威振四海。

——贾谊《过秦论（上）》

姓　　名：姓嬴，名政

生 卒 年：公元前259年～公元前210年

出 生 地：邯郸

突出成就：建立了中国历史上第一个中央集权的封建国家。

秦始皇，姓嬴名政，公元前259年生于赵国都城邯郸。当时秦赵两国正在交兵，他的父亲异人作为人质被扣押在赵国，处境相当危险。公元前257年，赵国战败，想杀掉异人，异人在富商吕不韦的帮助下逃回秦国。赵王盛怒，要杀赵姬母子，赵姬怀抱嬴政藏了起来。风声过后，母子俩悄悄地回到了秦国。

在吕不韦的资助下，异人回国后当上了太子，于公元前249年又继承了王位，他就是庄襄王。公元前247年，异人因病身亡。年仅13岁的太子嬴政顺理成章地成为秦王。吕不韦被尊为相国，主持朝政。大权落入太后赵姬、吕不韦等人手中。

公元前239年，富有谋略的嬴政再也不甘心听任吕不韦的摆布，同样，吕不韦也不甘心放弃自己的权力。于是，他们之间展开了激烈的斗争。公元前238年，嬴政下令发兵镇压叛乱，并借机解除了吕不韦的相国职位。同年，秦王嬴政加冠亲政，独掌大权，年仅22岁。

秦王嬴政安定了国内形势之后，开始进行统一六国的战争。他用贿赂、离间等手段，采取分化瓦解、各个击破的策略，破坏了六国合纵计谋，为横扫天下做好了准备。从公元前230年灭韩，到公元前221年灭齐，嬴政用了10年时间，扫灭六国，一统天下。

秦始皇结束了长期的封建割据局面，建立了中国历史上第一个多民族的中央集权的封建国家——秦朝。

统一全国后，嬴政自称“始皇帝”，开始着手建立中央集权的政治体制。

秦始皇在中央设立三公九卿的统治机构，在地方实行郡县制，把全国分为36个郡，由中央直接管辖。这样就使分散的行政、军事和经济大权逐层向上集中，最后都集中到皇帝手里，大大加强了中央集权。这套制度一直沿用了二千多年，对中国历史产生了重大影响。

为了促进地区之间的经济文化交流，便于中央管理，秦始皇首先采取“书同文，车同轨”的措施。他通令全国上下，一律使用标准文字小篆和隶书。他还下令编写识字课本，在全国范围内推行。秦始皇又统一规定车轨一律为六尺宽，这样，车辆就可以在全国各地通行无碍了。秦始皇还建立了四通八达的陆路交通网，并且连接了长江水系和珠江水系。秦始皇还统一了货币和度量衡。规定全国统一使用两种货币，一种是黄金铸造的上币，重20两；另一种是铜铸的下币圆形方孔钱，半两一枚。他还颁布诏书，废除六国旧制，把商鞅变法时确立的秦国度量衡标准推向全国。

中原地区稳定以后，秦始皇又着手巩固北部和南部的边防。公元前215年，秦始皇派蒙恬统兵北击匈奴，收复了河套地区。随后，秦始皇还把秦、赵、燕三国修筑的长城连接起来，建成了西起临洮、东至辽东的万里长城。

在南方，秦始皇征服了百越，设立了会稽郡。公元前214年，他又发兵攻占南越，设立西南三郡，从中原移民50万前去驻守。中原的先进文化和生产技术由此传播到南方，大大推动了南方经济文化的发展。

秦始皇是一个卓越的政治家，对历史的发展作出了巨大的贡献，堪称千古一帝。但是，在他12年的统治中，他狂妄自大、专制暴虐、穷奢极欲，实行严刑苛法，租役繁重、大兴土木、常年用兵等给人民带来了深重的苦难。公元前 213 年焚书坑儒还严重地摧残了中国的文化。

公元前210年7月，秦始皇病死在沙丘平台（今河北巨鹿境内），年仅50岁。

项羽
XIANG YU

力拔山兮气盖世。
时不利兮骓不逝。
骓不逝兮可奈何！
虞兮虞兮奈若何！

——项羽

字　　号：名籍，字羽
生 卒 年：公元前 232 年～公元前 202 年
出 生 地：下相（今江苏宿迁县）
突出成就：秦末农民起义军领袖，中国军事思想“勇战”派代表人物。

项羽于公元前 232 年出生在下相，祖先世代为楚国名将，是楚国名将项燕的孙子，他由叔父项梁抚养大。

项梁是一个才能出众的人，不仅武艺高强，而且熟知兵法。为把项羽培养成才，他花费了大量的时间和精力，但项羽却学而不精。项羽说：“学书法，只不过用来记记人的名字；学剑，也只不过是去和别人单打独斗。这都不值得我学。我要学就得学带领千军万马去冲锋陷阵的本领。”项梁听了这话后，开始教项羽学习兵法，后来项梁因杀人，便带项羽逃到吴国避难。公元前 210 年，秦始皇巡游路过项羽他们住的地方，大家都纷纷跑去看秦始皇的风采。项梁和项羽也在人群之中，项羽看着秦始皇前呼后拥、威风凛凛的样子，发出“彼可取而代也”的豪言，令叔父对他刮目相看。

公元前 209 年，陈胜在大泽乡发动起义后，各地英雄纷纷响应，项梁和项羽也揭竿而起。项梁起义后，许多地方上的英雄纷纷率队伍投靠项梁，不久，他手下的士兵就达到了六七万人。

公元前207年，项羽为次将，随卿子冠军宋义率军救援被秦军围困的赵国军队，行至安阳，宋义却只顾个人享乐，坐视士兵忍冻受饿，项羽一怒之下，在帐中斩了宋义，并假楚王名义向军中命令："宋义与齐阴谋反楚，楚王密令我杀死他。"于是众人拥立他为代理上将军。接着项羽又派人杀了宋义之子。派桓楚向楚怀王报告。楚怀王于是任项羽为上将军。

项羽率兵开始救赵，此时赵王歇在秦将章邯和王离的进攻下，正处在危急之中。当时来救援的诸侯军有十几路，均不敢与秦军交战，只在营垒里作壁上观。项羽亲率主力渡过漳河，下令每人只带三天的干粮，沉没全部渡船，砸毁饭锅，以此向士兵表示决一死战，决不生还的决心。楚军人人死战，杀声动地，以一当十，九战九捷，大破秦军。此一战，项羽威震各诸侯国，成为诸侯上将军，各路诸侯都归他指挥，项羽骁勇善战的威名也传遍了天下。

公元前206年，项羽杀进咸阳，火烧秦朝宫殿，分封诸侯，自称"西楚霸王"。

公元前206至公元前202年，刘邦、项羽进行了为期4年的楚汉战争，项羽失去人心，于公元前202年败走乌江，自杀身亡，时年31岁。

曹操

CAO CAO

神龟虽寿，犹有竟时；
腾蛇乘雾，终为土灰。
老骥伏枥，志在千里；
烈士暮年，壮心不已。

——曹操

字　　号：字孟德
生 卒 年：公元155年~公元220年
出 生 地：沛国谯县（今安徽亳州）
突出成就：政治上功绩不凡，精兵法，善诗歌，有《蒿里行》《观沧海》《龟虽寿》等篇。

曹操，东汉时期政治家、文学家、军事家。公元155年生于沛国谯县（今安徽亳州）。字孟德，小名阿瞒。自幼放荡顽劣，并富有胆量和心计。他的叔父因怕他学坏，便常常让其父曹嵩严加管教他，曹操并不领情。一次，他远远地看见叔父过来，便歪起鼻子，将嘴撇向一边，叔父问他："你怎么了？"他一脸沮丧，脸色严肃地说："中风了！"叔父立即回家向曹嵩讲述了曹操中风的事情，待曹操回到家中，曹嵩发现他好好的，便问他，叔父怎么说你中风了？曹操撇撇嘴说："他向来不喜欢我，爱无中生有。"从此，无论叔父在曹嵩面前说什么，曹嵩都不加理会了。曹操少年时喜爱兵法，20岁时被举为"孝廉"。不久被任命为洛阳北都尉，正式步入仕途。

东汉末年，朝廷腐败，奸臣当道，天下大乱，中原民众处于连年军阀混战之中，痛苦不堪。公元190年，曹操以讨伐董卓为名起兵，加入了争夺天下的行列。公元191年开始镇压黄巾军起义。公元192年，曹操占据兖州，收编黄巾军精锐队伍 30 万人，组成“青州兵”，从此有了逐鹿中原的资本。公元 196 年，曹操将汉献帝迎到许昌，挟天子以令诸侯，在政治上取得主动。

为削平北方诸侯割据，曹操远交近攻，先消灭了势力较弱的吕布、张绣、袁术。公元 200 年，与袁绍双方在白马大战，袁绍兵败，损失大将颜良、文丑。袁绍大怒，调动 10 万大军向只有一两万人的曹操进攻，两军对垒于官渡。曹操夜袭乌巢，火烧军粮而置袁绍于死地，袁绍手下的将军跟着又降了曹操，袁绍全军崩溃，仅带着 800 人逃回了河北。曹操凭官渡之战以弱胜强，打败了劲敌，为统一北方扫清了障碍。

公元 207 年，曹操消灭了袁绍的全部势力，夺得了青、幽、冀、并四州，统一了北方。

在统一北方的战争中，曹操在政治、经济上都采取了一些重大的措施。在用人方面只要是有才能的人就选拔重用；法治方面，坚决执行严明的法律；经济上反对兼并土地，打击豪强地主，重视屯田和兴修水利，对中原地区的农业生产和社会进步起了很大的促进作用。曹操统一北方后，积极准备南征。公元 208 年冬的赤壁之战，由于不习水战和瘟疫在军中流行，曹军被孙、刘联军击败。

赤壁之败后，曹操吸取教训，开始对外巩固边防，对内加强集权，稳定了人心。经过两年的整顿、发展，军力又得到了恢复和加强。公元 210 年至 220 年，曹操仍东征西讨，他击败马超，平定关西；收降张鲁，得了汉中，却不敢入四川攻伐刘备。他多次南征孙权，却都只是浅尝辄止。公元 216 年，曹操晋爵魏王，位极尊荣，与当皇帝差不多。公元 220 年，曹操因头风病死于洛阳，终年 65 岁。同一年，他的儿子曹丕废掉汉献帝，自立为帝，国号魏，追尊曹操为魏武帝。

曹操不仅是一位杰出的军事家，在文学上，他又是一名出色的诗人。他的诗作都为乐府诗体，继承了四言诗和五言诗的传统。比较有名的作品如《短歌行》《步出夏门行》《观沧海》等。他的诗气韵沉雄，质朴苍凉，对此后的建安文学产生了深远的影响。

李世民

LI SHIMIN

以铜为镜，可以正衣冠；以古为镜，可以知兴替；以人为镜，可以明得失。君者，舟也；庶人者，水也。水能载舟，亦能覆舟。

——李世民

字　　号：不详

生 卒 年：公元599年~公元649年

出 生 地：武功郡（今陕西武功）

突出成就：开创了历史上的“贞观之治”，为后来全盛的开元盛世奠定了重要的基础。

公元599年，李世民出生在武功郡。他自幼便聪颖伶俐，胸怀大志，具有非凡的气概和胆略。李世民的父亲李渊是唐朝的开国皇帝。公元615年，天灾人祸交加，局势动荡不安，地方将领和豪杰纷纷起兵反叛。18岁的李世民向犹豫不决的父亲大胆进言，分析了形势，坚定了父亲起兵的决心。从中可见李世民在青少年时代就有非凡的气魄、胆量和智慧。

李家是陇西人，有鲜卑人的血统。公元617年5月，李渊在太原起兵。此时隋政权已经土崩瓦解，李渊让李建成指挥左路三军，李世民指挥右路三军，直捣首都长安。因关中空虚，11月份李家便攻下长安。公元618年，李渊自立新朝，国号为唐，李渊即为唐高祖。

当时天下大乱，群雄并起，年轻的李世民领兵出征，开始了统一之战。李世民采取了“先西后东”的战略方针，5年内取得了三大战役的胜利。经过7年不停征战，李世民率领唐军完成了统一天下的大业。

公元621年，李世民带着战功凯旋而归。可是，为了保住太子的地位，李建成和弟弟李元吉联合起来，对付李世民。于是，李世民和李建成、李元吉两大集团之间发生了争夺皇位的殊死决斗。公元 626 年 6 月，李世民在长安玄武门设下伏兵，一举诛灭了李建成集团。同年，李渊退位，李世民即位，即为唐太宗。他大赦天下，全国免除赋税徭役一年。

李世民用人以德才为标准，不分新人旧人和亲疏贵贱，只要有德有才，便人尽其才。李世民又是一个善于纳谏的君主，能随时用隋亡的教训来提醒自己。他对大臣们说，如果君主做事不对，就要勇于进言，促使其改正。

李世民还打破当时传统门第观念，继承隋朝的科举制度并进一步固定下来，使出身寒微而有才华的人能有机会报效国家。因此在他的周围集聚了大批德才出众的人物。他以人为镜明得失，更是成为千古美谈。

李世民从 18 岁开始征战四方，到 27 岁登上帝位，一直是在戎马倥偬的战场上度过的。为了唐王朝的江山永固，他登上帝位之后，不但自己手不释卷地读书学习，而且要求臣下和各级官吏也要认真读书，共同讨论研究治国之道。

李世民即位后，大力推行均田制，奖励农业生产，减轻赋税和徭役，为当时社会生产的恢复和经济的发展奠定了基础。

李世民对贪官污吏十分痛恨，他以惩办和教育相结合的手段来整肃吏治，取得了良好的效果。李世民重视建立健全法律制度，特别强调谨慎而行。在贞观时期，执法机关能够严格依法办事，冤案数量明显减少。

李世民锐意开拓，攻破东突厥，平定高昌，并打击了西突厥，解除了数十年的边患，继汉武帝之后再次打通了西域的交通，促进了东西方之间的文化交流。他还采取了与各少数民族和亲政策，使各民族能和睦相处。

公元 649 年，李世民在长安病逝，享年 51 岁。李世民在位的 23 年，政治开明，经济发展迅速，社会也比较安定，被后人称为“贞观之治”。

成吉思汗
CHENGJISIHAN

蒙古人在战场上取得如此伟大的胜利，这并不靠兵马之众多，而靠的是严谨的纪律、制度和可行的组织。也可以说，那些辉煌的成就来自于成吉思汗的指挥艺术。

——马克思

姓　　名： 原名铁木真

生 卒 年： 1162 年~1227 年

出 生 地： 蒙古高原鄂嫩河畔

突出成就： 先后统一蒙古诸部，建立了蒙古汗国。

铁木真 1162 年出生在蒙古高原鄂嫩河畔乞颜部的一个贵族家里。铁木真的父亲也速该因为作战英勇，被推举为乞颜诸部的领袖。1170 年，也速该被塔塔儿人毒死，从而家族败落，铁木真一家开始了颠沛流离的生活。铁木真的母亲带着他过着寂寞、艰难的生活。

铁木真在苦难中不断成长，变得坚强睿智。青少年时期他便武艺超群、才智过人，远近闻名。当铁木真长成一个小伙子时，有一天，一伙强盗抢走了他家的马，他追踪了 6 天，在青年博尔术的帮助下，把马全部都夺了回来，通过这次经历，使铁木真认识到团结的重要性，为他以后的接连打胜仗打下了稳固的思想基础。1179 年，他妻子被蔑尔乞人抢走，铁木真联合王汗和札木合进攻蔑尔乞部，夺回妻子，同时也壮大了自己的力量。

1196 年，铁木真联合王汗，配合金国军队，在斡里札河围歼了反叛金国的塔塔儿部，杀死了他们的首领，报了杀父之仇。战后，金国封王汗为王，任命铁木真为招讨使，铁木真声名大噪。此后，他又战胜了蔑尔乞等部，攻占呼伦贝尔草原。1202 年，铁木真彻底歼灭塔塔儿部，占领了西起斡难河、东到兴安岭的广大地区。1203 年，王汗与铁木真反目，大战于合兰真沙陀，铁木真大胜。1204 年，铁木真征服蒙古草原上唯一能和自己对抗的乃蛮部的首领太阳汗，于 1206 年统一了西起阿尔泰山、东到兴安岭的整个蒙古草原。各部贵族在斡难河源头举行盛大集会，推举铁木真为大汗，称为成吉思汗，建立了强大的蒙古国。随后，成吉思汗开始建立蒙古国的国家制度。

成吉思汗的家族拥有全部的土地和百姓。他按照分配家产的方式，将百姓和土地分给自己的子弟亲族。成吉思汗推广了千户制度，世袭管辖。为了维护自己至高无上的统治地位，成吉思汗还建立了一支由大汗直接控制的人数达 1 万人的常备护卫军。这支强大的护卫军成为巩固蒙古国和对外战争的重要力量。

蒙古国建立之后，成吉思汗开始向外扩张。1207 年派长子术赤北征“林中部落”。1209~1211 年，成吉思汗先后三次攻打西夏，迫使西夏称臣纳贡，并随同蒙古一同进攻金国。1211 年，成吉思汗南下进攻金国，1215 年，攻占了中都燕京。1218 年花剌子模刺杀蒙古商人、使者。1219 年，成吉思汗踏上征讨花剌子模的万里西征之路。1220 年，成吉思汗连破花剌子模的要塞，于 1222 年血洗花剌子模中心城市玉龙杰赤，并且派军深入巴基斯坦、印度追击逃敌。之后，大军继续西进，征服了阿塞拜疆，横扫伊拉克，并于1223年跨过高加索山，在阿里吉河打败俄罗斯与钦察联军，他将征服的广大国土分给三个儿子，建立了钦察汗国、察合台汗国和窝阔台汗国。1222 年，成吉思汗决定东归，1225 年回到蒙古，这场持续 7 年的西征终于结束。

1226 年，成吉思汗再次进攻西夏。1227 年 7 月，成吉思汗病死军中。同月，西夏灭亡。成吉思汗死后，他的子孙们继续他未竟的事业，攻灭西夏、金国、南宋，建立起一个空前庞大的大帝国。元朝建立后，成吉思汗被追尊为元太祖。

成吉思汗的辉煌战绩在中国乃至世界战争史上都是无与伦比的，他因此被尊称为“一代天骄”。

拿破仑

NAPOLUN

不想当将军的士兵不是好士兵

——拿破仑

姓　　名：拿破仑·波拿巴

生 卒 年：1769年~1821年

出 生 地：法国科西嘉岛

突出成就：建立了法兰西第一帝国，颁布了《民法典》。

拿破仑1769年8月15日出生在科西嘉岛的一个贵族家庭。他自幼任性好斗，性格倔强。1779年，拿破仑进入布里埃纳军校学习，成绩突出。15岁他进入巴黎陆军学校学习，深受法国启蒙思想的影响。

从巴黎陆军学校毕业后，16岁的拿破仑当上了一名炮兵少尉。1789年法国革命爆发，拿破仑有了展露才干的机会。次年他便被提升为上尉。1793年，拿破仑奉命参加土伦战役，任炮兵指挥，并晋升为上校。在拿破仑指挥下的炮兵部队终于攻占了土伦。从此拿破仑声名大噪，不久便被破格提升为准将。1795年，他的炮兵部队在巴黎再建奇功，以5 000人之力击溃了二万多名叛乱分子。之后，拿破仑被任命为法国“国防军”副司令。1799年，拿破仑从战场上悄然返回法国，发动了“雾月政变”，夺取了政权。1804年拿破仑加冕称帝，即拿破仑一世，法国进入了法兰西第一帝国时期。

拿破仑执政时期，他采取各种政策推动经济发展，并主持制定了法国民法典《拿破仑法典》。这部法典对法国及其他资本主义国家的立法产生了深远影响。在他执政的前期，拿破仑领导的军队战无不胜，确立了法国在欧洲大陆的霸主地位。

1814年的莱比锡战役使拿破仑惨败给反法联盟。之后，反法联军占领巴黎，拿破仑被流放到意大利海边的厄尔巴岛。1815 年，拿破仑成功逃出流放地，返回法国，受到了热烈欢迎，复辟成功。其他欧洲列强立即向法国宣战，100 天之后拿破仑在滑铁卢战役中惨败。不久后，他被流放到大西洋中的圣赫勒拿岛。1821 年拿破仑去世，终年 52 岁。

林肯

LINKEN

不会被困难所吓倒，不会为成功所迷惑的人，他不屈不挠地迈向自己的伟大目标，而从不轻举妄动，他稳步向前，而从不倒退……总之，他是一位达到了伟大境界而仍然保持自己优良品质的罕有的人物。

——马克思

姓　　名： 亚伯拉罕·林肯

生 卒 年： 1809年~1865年

出 生 地： 美国肯塔基州哈丁县

突出成就： 领导了南北战争，颁布了《解放黑人奴隶宣言》。

林肯1809年2月12日出生于美国肯塔基州哈丁县诺林溪边的一个拓荒者家庭里。由于家境贫寒，他没有接受过正式教育。但他从小勤奋好学，自学了丰富的知识。9岁时母亲离世，继母对他非常疼爱。16岁时，林肯第一次见识了外面的世界，他乘船顺着俄亥俄河进入密西西比河到了新奥尔良。黑奴的悲惨生活，深深地刺痛了林肯，他暗下决心：一定要推翻蓄奴制度。

1830年，林肯随父母迁居伊利诺伊州后，开始了自力更生的生活，他做事认真，获得了“诚实的亚当”的美名。1832年，第一次竞选失败后，成为了助理土地测量员。他在1834年当选为伊利诺伊州议员，开始了他的政治生涯。两年后，获得了律师资格。1842年，林肯全面掌管辉格党并于当年11月4日和美丽的玛丽结婚，此后有了三个孩子。1847年他当选为国会议员。1854年，共和党成立，林肯旋即加入了这个主张废除奴隶制的党派。1856年，他在共和党的第一次全国代表大会上被提名为副总统候选人。当时，美国南北两派围绕蓄奴制度的存废问题展开了激烈斗争，双方的矛盾冲突已经到了非常尖锐的地步。1858年，林肯在参加伊利诺伊州参议员竞选时，发表了一篇题为《裂开了的房子》的著名演说，他把美国南北两种制度（奴隶制度和资本主义制度）并存的局面比喻为“一幢裂开了的房子”，并明确表达了希望维护国家统一的愿望。尽管这次竞选失败了，但这次极富魅力的演讲使他的名字传遍了全国。1860 年 11 月 6 日，林肯当选为美国第 16 任总统。

林肯的当选，对南方种植园主的利益构成了严重威胁。南方叛乱诸州建立了自己的政权，并在 1861 年 4 月 12 日不宣而战，炮击了联邦政府军驻守的萨姆特要塞，美国内战开始了。由于南方叛乱者早有准备，北方军队都是临时招募的，所以北方军队在战争初期节节败退。林肯认识到，是到废除奴隶制的时候了。1862 年 9 月，林肯起草了《解放黑人奴隶宣言》，并于 1863 年的 1 月 1 日正式颁布，宣布废除叛乱各州的奴隶制，黑人奴隶获得人身自由并且允许黑人当兵。这个法案极大激发了人民的革命热情，成为北方军逆转战场形势的重要转折点。1864 年 11 月，林肯再次当选总统。南方投降，历时 4 年的南北战争结束。

但是战争的胜利并没有消除蓄奴势力对林肯的仇视，1865 年 4 月 14 日，林肯在华盛顿的福特剧院里看戏时，被南方奴隶主收买的一个枪手刺杀，次日上午去世，终年 56 岁。

甘　地

GANDI

一个被感情支配的人永远见不到真理。要成功地寻得真理，就要完全从爱与憎、福与祸的双重包围中解脱出来。

——甘地

姓　　名：莫汉达斯·卡拉姆昌德·甘地

生 卒 年：1869 年~1948 年

出 生 地：印度波尔班达城

突出成就：印度民族运动领袖，被尊为“圣雄”，领导了非暴力不合作运动。

甘地于 1869 年 10 月 2 日出生在印度波尔班达城一个虔诚的宗教家庭。甘地身体十分瘦弱，自幼腼腆、羞怯。13 岁时，他遵从父命与嘉斯杜白结婚。15 岁时，有一次他为了还债，偷了哥哥手镯上的金子。事后，他给父亲写信请求原谅，躺在病床上的父亲反倒被真诚悔过的儿子感动得热泪盈眶。1887 年，中学毕业后考取萨玛达斯学院。19 岁时，他不顾族人反对，远涉重洋，赴伦敦求学。通过短时的迷茫与摸索之后，他坚持了原有的宗教信仰并兼收并蓄其他宗教教义，接受了英国法制思想的教育，并于 1891 年取得了律师资格。

同年，甘地回到印度。1893 年赴南非处理债务案，却遭歧视和侮辱。在斗争过程中，形成了非暴力学说。1915 年返回印度。一年以后，他开始发表演讲，宣传自己的主张，从事非暴力斗争，试验并发展了非暴力学说。“非暴力不合作运动”在 1930 年的“食盐进军”中达到了高潮。这一年，英国殖民当局制定和颁布了食盐专营法，垄断食盐生产，任意抬高盐税和盐价，引起了当地人民强烈不满。甘地号召印度人民用海水煮盐，自制食盐，以此来抵制当局的食盐专营法。甘地和78名志愿者开始“食盐长征”，开展不合作运动。经过24天的徒步行走，到达海边时他的队伍已有上千人。甘地和他的信徒们在海边坚持了三个星期。每天清晨，他们先在海边祈祷，然后打来海水，蒸煮、分馏、过滤、沉淀。劳动是艰苦的，对于多次进行绝食斗争而疾病缠身、已是60岁开外的甘地来说不是件容易的事，但他一直坚持着直到被捕。

印度各报对甘地的“食盐进军”进行了广泛报道。沿海各地纷纷响应甘地的号召，自制食盐。与此同时，全国各地都开展了反对英国殖民统治的斗争，罢工、罢课、游行示威、请愿运动一浪高过一浪。殖民当局十分惊恐，他们逮捕了甘地和国大党其他领导人，并下令取缔国大党。后来殖民当局迫于形势释放了甘地，撤销了取缔国大党的禁令。随后，与甘地达成了协议：若甘地改变不合作态度，停止不合作运动，当局则释放政治犯，允许沿海人民煮盐。这就是《甘地——欧文协定》。《甘地——欧文协定》只是满足了印度人民的部分要求，印度依然没有

甘地墓

获得独立。但协议已签，人心已涣散，其余坚持斗争的人都遭到了无情的镇压。1934年甘地退出国大党。1941年他连续发动非暴力抵抗运动，均遭到镇压。

1947年6月，经过长期的斗争，印度人民终于获得了独立。独立后的印度一度出现宗教仇杀，甘地开始绝食，最终使一些风波得以平息。

1948年1月30日，在赴祷告场途中，他不幸被一个狂热的印度教徒杀死而离开人世，终年79岁。

列 宁

LIENING

神奇的预言是神话，科学的预言却是事实。

——列宁

姓　　名：弗拉基米尔·伊里奇·乌里扬诺夫

生 卒 年：1870 年~1924 年

出 生 地：俄国辛比尔斯克

突出成就：无产阶级革命导师，新型无产阶级政党的缔造者。

列宁于 1870 年出生在俄国辛比尔斯克市（为了纪念他，现在称为乌里扬诺夫斯克）。他的父亲是一位忠实的政府官吏。但是他的哥哥亚历山大是一个年青的激进分子，因参与一次谋刺沙皇行动而被处刑。20 岁时列宁自己已经成为一位热情的马克思主义者。1895 年 12 月，列宁由于参加革命活动被沙皇政府逮捕，坐了 14 个月的监狱，随后就被流放到西伯利亚。

在西伯利亚的 3 年中，他与一位革命同志结成终生伴侣，写出了《俄国资本主义的发展》一书。他在西伯利亚的刑期于 1900 年 2 月结束，几个月后他动身到西欧去旅行。之后他作为职业的革命家，在那里度过了 17 个春秋。当他所加入的俄国社会民主工党分裂成两派时，他成为其中较大的派别——布尔什维克的领袖。

第一次世界大战给列宁提供了伟大的转机。战争对俄国来说在军事上和政治上都是一场大灾难，使人们对整个沙皇制度极为不满。1917 年 3 月，沙皇政府被推翻，俄国一时好像可以实行一种民主政体。列宁得悉沙皇垮台，立即返回俄国。归国后，他敏锐地察觉到民主党虽然已经建立了一个临时政府，但并非大权在握；共产党虽然数目不多，但此时却是夺取政权的良机。因此他号召布尔什维克立即组织推翻临时政府，用一个共产主义政府来取而代之。他们在7月举行了一次起义，但未成功，列宁被迫转入地下。1917年11月又举行了第二次起义，获得成功，列宁成为新国家的缔造者。

作为领导人，列宁虽然信仰坚定，但也颇为实际。起初他竭力争取迅速实行一种不妥协的完全社会主义化的经济体制。当这种体制未取得预期效果时，列宁采取了灵活的态度，改变了自己原来的主张，实行新经济政策，这种政策在前苏联持续实行了几年。

1922年5月，列宁患了严重的中风，从此时直到1924年去世，他几乎完全处于瘫痪状态。他去世后，他的遗体被认真地做了防腐保存处理，安放在莫斯科红星广场上的一座宏伟的陵墓里供人瞻仰。

列宁的重要贡献在于他用实际行动在俄国建立了第一个社会主义国家。他接受了卡尔·马克思的思想，并将其付诸现实的政治实践。自从1917年11月以来，共产主义势力在全世界范围内不断扩展。

列宁的重要性主要在于他是一位务实的政治领袖，他的著作也有着巨大的影响。

艾森豪威尔

AISENHAOWEIER

艾森豪威尔在具体战役指挥上可能不如巴顿、蒙哥马利，但在协调各方面关系上极具才能。他以坚定、镇静而又平等待人的态度赢得了广泛的信赖和支持。

姓　　名：戴维·德怀特·艾森豪威尔

生 卒 年：1890年~1969年

出 生 地：美国

突出成就：军人政治家和外交家，成功指挥了诺曼底登陆，总统任内签订了《朝鲜停战协定》。

艾森豪威尔出生在美国德克萨斯州。他幼时家境贫寒，其他的6个兄弟都没有受过高等教育，他为了继续学业，只能选择军人职业，因为这一职业可以免费进入西点军校。

第一次世界大战前夕，艾森豪威尔从西点军校毕业，获少尉军衔。不久他创办了美国陆军的第一所战车训练营，28岁成为少校军官。巴拿马地区的司令康纳少将看中了这位年轻人的军事才华，便邀请他到巴拿马服役。在巴拿马服役的三年中，他受到了康纳的特殊栽培，军事知识和技能大为长进。后来，康纳又保送他进入陆军指挥参谋学院受训。艾森豪威尔学习认真，训练刻苦，1926年，以全校第一名的成绩毕业，随后又到陆军军事学院学习了两年。

1941年12月7日，日本偷袭珍珠港美军基地。8日，美国对日本宣战。在珍珠港事件发生后的第五天，马歇尔电召艾森豪威尔速回华盛顿。这是他步入统帅部与马歇尔长期合作的开始。不久，艾森豪威尔又出任北非战场盟军总司令。在这之前，他并未单独指挥过作战，然而他就任后第一次重大使命却马到成功，英美联军在北非登陆进展顺利。这证明马歇尔慧眼独具，艾森豪威尔也因此名声大振。1943 年 2 月，他出任北非和地中海盟军总司令。

艾森豪威尔在指挥盟军进行北非、西西里岛和意大利作战中，在实现与盟国的合作中，都表现了卓越的军事、政治、外交才能，被誉为“军人政治家和外交家”。他坚定、果断、宽宏大量、对部属充分信任。之后，他成功地指挥了诺曼底登陆并巩固了登陆场。9 月，法国全境解放。

第二次世界大战结束后，艾森豪威尔曾任美国驻德占领军司令。1945 年他回国，任美国陆军参谋长。1952 年退出军界，参加总统竞选，以压倒多数当选。1953 年至 1960 年任美国总统。竞选时他提出结束朝鲜战争，1953 年就职后，签订了《朝鲜停战协定》。

1969 年 3 月 28 日，艾森豪威尔因心脏病发作去世，终年 79 岁。

敬启

本书的编选参阅了一些报刊和著作，由于多种原因我们未能与部分入选文章作者（或译者）取得联系，在此深表歉意。敬请原作者（或译者）见到本书后，及时与我们联系，我们将按国家有关规定支付稿酬并赠送样书。

联系方式
地　址：黑龙江省哈尔滨市香坊区汉水路 110 号
邮　编：150090
联系人：吴晶
电　话：0451-55174988

编委会